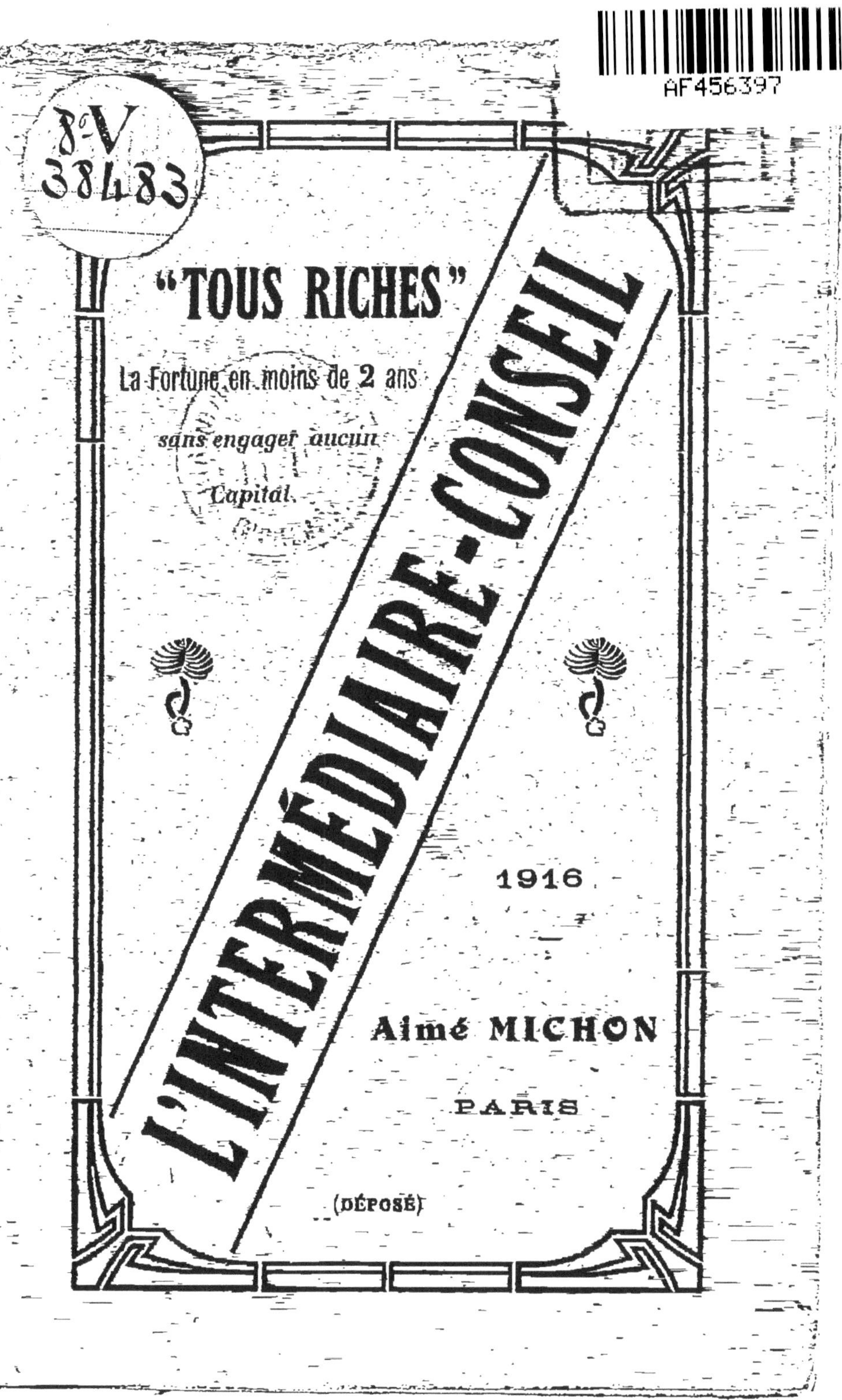

"TOUS RICHES"
La Fortune en moins de 2 ans
sans engager aucun
Capital
L'INTERMÉDIAIRE-CONSEIL
1916
Aimé MICHON
PARIS
(DÉPOSÉ)

L'Intermédiaire - Conseil

"TOUS RICHES"

La Fortune en moins de 2 ans

et ceci sans engager aucun capital

L'Intermédiaire - Conseil

1916

Aimé MICHON
PARIS.

AUX ACHETEURS DE CET OUVRAGE

UN BON CONSEIL

Vous avez intérêt à ne jamais CÉDER, PRÊTER OU COMMUNIQUER à personne dans votre entourage l'**Intermédiaire-Conseil** et à le conserver avec soin pour l'utiliser à votre seul profit.

Si, comme j'en suis certain, vous tirez un bon parti de mon enseignement ; si, en suivant mes instructions, vous arrivez à gagner de BONNES COMMISSIONS en vous intéressant comme intermédiaire à des affaires sérieuses, il est inutile que vos amis et connaissances sachent que c'est dans un livre que vous avez puisé les idées et les moyens pratiques de gagner de l'argent.

Laissez-leur bien plutôt attribuer votre réussite à votre intelligence et à votre seul mérite personnel !

A. M.

AVANT-PROPOS

Celui qui se donne la peine de réfléchir un instant à tous les actes que les hommes vivant en société accomplissent entre eux dans le cours de leur existence, ne sera pas long à reconnaître que la presque totalité *se réalise grâce à l'intervention d'un* tiers, *d'une* troisième personne, *connaissant les deux parties, c'est* **l'Intermédiaire.**

Qu'il s'agisse d'un achat ou d'une vente, d'une location, d'un emploi, d'un prêt ou emprunt, d'une assurance, etc., etc., d'une affaire commerciale ou industrielle, foncière, minière, agricole, etc., d'une négociation ou accord à intervenir entre personnes de toutes classes, situations ou positions de fortune, jamais, *ou* presque jamais, *les intéressés : l'acheteur et le vendeur, le propriétaire et le locataire, le patron et l'employé, le capitaliste et l'emprunteur ne se sont trouvés d'eux-mêmes directement en relations.*

C'est toujours ou presque toujours un Intermédiaire *qui les a mis en présence, le plus souvent par une simple indication et a permis à leur accords d'aboutir, à la vente de se faire, à l'emploi de trouver son titulaire, à l'assurance de se contracter, au négociant et à l'industriel d'obtenir les capitaux indispensables à la bonne marche de ses affaires, au rentier, au favorisé de la fortune de trouver un revenu avantageux de son argent en le plaçant dans l'Industrie, le Commerce ou la Propriété.*

Ce rôle que l'Intermédiaire *a joué est un* service, *quelquefois même un* très grand service *rendu à une des parties, souvent même à toutes les deux, car* sans lui *l'opération désirée n'aurait jamais pu se réaliser ou se serait faite plus longuement et plus difficilement.*

Ce service ainsi rendu *dans les négociations les plus humbles comme les plus importantes a droit à une* rémunération *et rien n'est plus* légitime *que d'en fixer à l'avance l'importance, pour éviter toute discussion et s'en asssurer le paiement.*

C'est pour permettre à tous *d'arriver à ce résultat que j'ai écrit et mis à la portée* de tous ce *petit livre, véritable* **Guide de l'Intermédiaire**, *ne contenant que des* conseils pratiques *basés sur mon expérience personnelle et* indispensable *aussi bien à ceux qui ne font des opérations que de temps à autre, qu'aux personnes — et elles seront nombreuses après m'avoir lu — qui, séduites par les* bénéfices importants *qui se réalisent tous les jours, en suivant mes conseils et ma méthode, se consacreront à la* profession d'intermédiaire *dans toutes les branches si nombreuses et si* *variées de l'Industrie, du Commerce, de l'Agriculture, etc.*

Aux premiers je donne, avec des conseils généraux sur la manière de s'intéresser sans quitter leurs occupations habituelles, à un grand nombre d'affaires des plus variées, le moyen pratique de toujours se faire rémunérer de leurs services.

La seconde partie de mon livre, plus spécialement destinée aux professionnels, *donnera dans une forme très claire :*

1° La marche à suivre pour exercer la profession et y réaliser comme je l'ai fait moi-même de gros bénéfices :

2° Ce qu'il est indispensable *à l'intermédiaire de connaître en matière de* législation, enregistrement, *etc., concernant spécialement la vente des fonds de commerce, etc. ;*

3° Le tout permettant à chaque lecteur de faire lui-même, *sans l'aide de personne, les opérations du reste faciles de* l'Indicateur *ou de* l'Intermédiaire *dans toutes les affaires où il est susceptible de s'intéresser et de s'y assurer un bénéfice qui peut être souvent* très important, *comme on en verra quelques exemples dans cet ouvrage, et* toujours légitime.

Aimé MICHON.

PREMIÈRE PARTIE

De la rémunération de l'Intermédiaire ou Commission.

Le service rendu au vendeur en lui procurant un acheteur, au propriétaire en lui faisant louer ses locaux ou vendre ses immeubles, à celui qui a besoin d'argent en lui trouvant un prêteur, etc., en un mot en mettant des personnes en rapport pour n'importe quelle opération honnête dans l'Industrie, le Commerce, la Propriété doit être rémunéré par une Commission toujours fixée à l'avance et par écrit et rien n'est plus légitime.

Les naïfs seuls travaillent pour rien, ce n'est pas avec des remerciements que vous pouvez élever et entretenir votre famille, payer vos impôts, vous mettre de l'argent de côté.

Dites-vous bien que le plus souvent les renseignements, tuyaux, adresses, etc., qui vous ont été donnés, soi-disant par pure obligeance, pour tou tes sortes d'opérations que vous avez eu à effectuer ont rapporté un bénéfice à leur auteur. C'est de toute justice et ne perdez, de votre côté, aucune occasion d'en faire autant et gagnez des Commissions sur toutes les affaires que vous pourrez faire réaliser autour de vous, et vous verrez avec un peu d'attention combien elles sont nombreuses et quels moyens de gagner de l'argent vous avez laissé perdre avant d'avoir lu mon livre.

Des opérations auxquelles peut s'intéresser un Intermédiaire.

Quelle que soit la profession que vous exercez (1), que vous habitiez la grande ville, un petit bourg ou la campagne, vous entendez sûrement autour de vous, dans le milieu où vous vivez, dans la société que vous fréquentez chez vos amis ou connaissances, au restaurant, au café, si vous n'avez pas le bonheur de vivre en famille, des personnes manifester le désir d'acheter une propriété, un fonds de commerce, un objet mobilier de plus ou moins grande valeur, d'utilité, de goût ou d'agrément.

(1) MM. les Courtiers, Agents, Représentants, etc., dont la Commission sur marchandises, valeurs, assurances, etc., constitue la rémunération régulière et normale de leur profession, pourront me lire avec intérêt, mais il est évident que ces considérations ne leur sont pas spécialement réservées.

trouver un emploi, contracter une assurance, etc. Messieurs ou Dames de toutes classes et toutes professions, que vous soyez employés, ouvriers, professeurs, agriculteurs, etc., vous connaissez des vendeurs, propriétaires, industriels qui recherchent des acquéreurs, des employés, des locataires, etc.

Ces offres et ces demandes que vous écoutiez d'une oreille distraite, quand vous n'aviez pas encore le moyen de vous y intéresser ou auxquelles vous avez peut-être, on peut même dire sûrement, répondu en donnant gratuitement le renseignement utile, vous allez aujourd'hui les recueillir précieusement, en prendre note pour pouvoir vous en servir et faire aboutir l'opération qui doit vous procurer une commission, par exemple :

Faire vendre ou louer à un propriétaire son immeuble ; à un commerçant son fonds de commerce ; à un industriel son usine ; à un agriculteur des objets utiles à son exploitation : une charrue, une paire de bœufs, une voiture, un cheval, une machine agricole, etc., etc ;

Trouver un emploi à un comptable ;

Procurer un élève à un professeur libre ;

Contracter une assurance contre l'incendie ou autres risques, etc., etc.

Nous pourrions multiplier ces exemples à l'infini.

Recommandation essentielle. — Pour toutes les

opérations, quelle que soit leur nature ou leur importance, auxquelles vous serez invité à vous intéresser, faites vous donner un écrit, lettre-engagement, bon de commission dans n'importe quelle forme pourvu que l'engagement pris à votre profit soit bien clairement stipulé et signé par son auteur.

Faites vous donner cette pièce essentielle pour vous, même par le plus grand de vos amis, même par votre propre frère.

Des Commissions.

Les Commissions fixées entre l'intermédiaire et les personnes qui ont recours à ses bons offices sont :

1° Ou un pourcentage de 2, 3, 5, 10 % (pour cent), etc., de la valeur de l'objet cédé, de la somme stipulée dans la vente, le prêt, l'opération que vous avez fait réussir.

2° A une somme fixée par avance, à forfait, de 5 fr., 20 fr., 50 fr., 100 fr., 500 fr., 1.000 fr., etc., quel que soit le chiffre de la transaction.

3° A une part, le quart, le tiers, la moitié, etc., de la rémunération allouée par une autre personne qui se sert de votre collaboration pour réussir une affaire, par un agent général d'assurances par exemple.

En règle générale la Commission est due par la personne qui reçoit de l'argent : le vendeur, l'emprunteur, le propriétaire, le régisseur, etc., avec celle-ci, elle est absolument de droit, et incontestée, si elle a été stipulée par écrit, mais il arrive aussi que des acheteurs, des locataires, même des capitalistes, vous offrent de rémunérer votre concours, si vous leur trouvez ce qu'ils recherchent et rien n'est plus régulier.

Du Bon de Commission

Le Bon de Commission est l'écrit donné à l'Interdiaire par toute personne qui a recours à ses bons offices, fixant sa rémunération.

Dans la partie réservée aux professionnels, vous trouverez d'excellentes formules d'engagements, dont les personnes qui ne font des opérations que par intermittence et sans renoncer à leurs occupations pourront bien entendu se servir avec profit, mais comme une simple lettre, carte de visite, billet, etc., sous n'importe quelle forme, pourvu que l'écrit énonce le montant de la commission signé de son auteur, suffit pour faire valoir vos droits, il m'a semblé que des exemples vaudraient mieux qu'une longue théorie.

Aussi, je mets sous vos yeux les promesses de commissions dans les formes les plus diverses et dans les affaires les plus variées qui toutes se sont traitées à ma connaissance personnelle et ont donné pleine satisfaction aux intermédiaires qui s'y sont intéressés (1).

En dehors de ses formules dont vous pourrez vous servir partiellement, ce petit tableau vous donnera une idée de la variété comme aussi quelques fois de l'importance des affaires que vous pourrez faire traiter à votre avantage personnel.

Lettres ou Formules ayant servi de Bons de Commission.

Vente d'un objet d'art à un amateur.

Paris, 27 mars 1909.

Monsieur Guy de VERNEUIL

27, Boulevard St-Germain

Paris.

Mon cher ami,

Si tu me fais vendre dans tes belles relations le tableau attribué à Carolus Duran, « Deux Jeunes Egyptiennes »,

(1) Toutes ces affaires ont été faites et les Commissions payées, les noms seuls et les adresses des parties ont été changés.

que m'a légué mon oncle Dehirac, il y a cinq cents francs de commission pour toi, que je te paierai le jour même où j'encaisserai.

MAXIME HOUDART.

27, rue du Maine, Paris.

Le tableau a été vendu en juin 1909. L'Intermédiaire a touché sa commission.

Vente par l'intermédiaire d'un Métayer de machines agricoles.

Aurillac, 14 février 1910.

Monsieur RATHIER JOSEPH, métayer.

ST-FLOUR.

Monsieur,

Si vous décidez M. Labert, votre propriétaire, à acheter dans notre maison les deux charrues que vous avez examinées ensemble au Comice agricole d'Aurillac, je vous accorderai une commission de dix pour cent, qui vous sera payée à l'encaissement. Je vous ferai profiter de la même commission sur tout achat fait dans nos magasins soit par M. Labert, soit par tout autre acheteur que vous m'aurez indiqué.

Comptant que ce petit bénéfice, que vous pouvez réaliser sans dérangement pour vous, vous engagera à nous recommander dans vos relations,

Recevez, Monsieur, nos salutations.

J. PERCIER & Cie.

Les deux charrues ont été vendues à M. L. et par

la même entremise une « Moissonneuse » au Syndicat des Propriétaires du Centre ; l'Intermédiaire a touché sa commission.

Vente d'une Automobile.

Angers, 15 novembre 1913.

Monsieur Eugène LARBAUD
Employé de Mairie
18, rue de Maine-et-Loire
Saumur.

Monsieur,

Ainsi que je vous l'ai promis hier, je vous accorderai une commission de cinq cents francs si vous m'indiquez un acheteur de mon automobile, marque Motobloc Torpedo, grand luxe, 4 cylindres, excellente machine en parfait état.

Je vous payerai la dite commission sur le premier argent versé par l'acquéreur.

Recevez, Monsieur, mes salutations et mes remerciements.

P. LAURENT, Industriel,
4, Place de la Nation, à Angers.

Cette voiture a été vendue en mars 1914, et la commission payée.

Vente d'un Hôtel

Je soussigné, Joseph Bernard, propriétaire de l'hôtel des « 4 Alliés », Brives (Corrèze), m'engage envers M. Henri

Verne, employé chez MM. Salomon et Cie, négociants en vins, rue Nationale, 74, Clermont-Ferrand, à lui payer une commission de six pour cent sur le prix de la vente de mon hôtel si je le cède à une personne qu'il m'aura indiquée ou recommandée.

Je paierai la dite commission à M. Verne, le jour de la vente et sur le premier argent versé.

Brives, le 8 février 1910.

JOSEPH BERNARD.

L'hôtel s'est vendu le 6 septembre 1910, 27.500 fr. ; l'Intermédiaire a touché 1.650 fr. de commission pour une simple indication d'acquéreur.

Commission sur Assurances

Cie X... *Lyon, le 14 avril 1914.*
Agence Générale de Lyon.

Monsieur LÉONCE DUVAL, Comptable
à GIVORS (Rhône)

Vous m'avez demandé quelle rémunération je pourrais vous accorder, si, sur votre recommandation, MM. Noller & Cie, négociants et industriels de votre ville, contractent une assurance contre l'incendie, pour leurs magasins et appartements.

Je suis tout disposé à partager également avec vous la commission qui me sera allouée par ma Compagnie et que je toucherai comptant, en espèces, aussitôt que votre client aura souscrit une police et payé la première prime.

A la Compagnie X... la commission est la totalité de la prime de première année, défalcation faite du frais de police, impôts et timbres. C'est donc 50 % (cinquante pour cent) que je vous abandonnerai de cette prime pour m'avoir fait connaître le client.

Je suis disposé à vous faire le même avantage sur tous les clients que vous m'indiquerez comme susceptibles de s'assurer en se présentant de votre part, sans que vous ayez autre chose à faire que l'indication.

Recevez, etc.,

J. LIEUVILLE.

Ce comptable a touché en 3 mois, sans quitter son emploi, 760 fr. de la Compagnie X... (Incendie et Accidents).

Vente à une Société d'un terrain contenant une mine de fer

Participation du propriétaire du gisement et de l'Intermédiaire qui les a mis en rapport au bénéfice important de la mise en Société par actions.

M. Rieux Antoine, propriétaire et cultivateur, dans la région des Pyrénées, ayant constaté, en faisant miner un champ situé à flanc de coteau, la présence dans le sous-sol d'une roche de teinte rougeâtre, très friable, s'est demandé s'il n'y aurait pas là un gisement d'oxyde de fer, comme il en existe de très riches dans l'arrondissement, et désireux, après renseignements pris, d'en tirer le meilleur parti, n'ayant pas les connaissances et les relations lui permettant de le faire, il a fait choix d'un intermédiaire en la personne de l'instituteur d'une commune voisine, M. Tisserand Georges, qu'il n'a pas hésité à rémunérer très fortement au cas de réussite.

Vu l'intérêt que cette opération a présenté je la donne comme exemple à mon lecteur avec les diverses lettres échangées, contenant les promesses de commission. M. Tisserand n'avait aucune connaissance particulière, il s'est borné, en raison de l'avantage qui lui était consenti par M. Rieux, à suivre la meilleure marche pour faire céder à ce dernier son terrain aux conditions les plus avantageuses, et à le faire intéresser, dans de fortes proportions, aux bénéfices de l'exploitation créée, et il y a brillamment réussi, au grand avantage de M. Rieux, et au sien.

Neussorgues (H.-P.), 15 mars 1909.

Monsieur GEORGES TISSERAND, Instituteur

MONTFLAUBERT (Hautes-Pyrénées).

Monsieur,

A la suite de notre entretien d'hier, au sujet du gisement minier dont nous avons reconnu des échantillons nombreux dans mon terrain de Neussorgues, je suis disposé comme vous me l'avez conseillé à poursuivre les recherches et même à en tenter l'exploitation.

Mes occupations habituelles ne me permettant pas de le faire, et n'ayant pas les relations utiles pour arriver à un bon résultat, je suis disposé à vous intéresser à mon projet puisque vous connaissez très bien la région, et que, d'autre part, vous êtes à même, soit à Tarbes, soit à Paris, de trouver des capitalistes s'intéressant à cette affaire.

La première opération est de faire analyser le minerai dont je joins trois échantillons. Veuillez bien vous charger de ce soin et prendre note que quel que soit le résultat de l'analyse, je vous payerai à titre d'indemnité, pour vos soins et démarches, une somme de cinq cents francs que je vous remettrai dès que le rapport de l'expert me sera parvenu par votre entremise.

Recevez, Monsieur, avec mes remerciements anticipés, mes bien cordiales salutations.

A. RIEUX.

L'analyse a révélé 0,786 °/₀ d'oxyde de fer, proportion permettant l'exploitation fructueuse ; l'Intermédiaire a touché pour ses premières démarches la commission promise de 500 francs.

Neussorgues, 15 avril 1909.

Je soussigné, Antoine Rieux, propriétaire à Neussorgues (Hautes-Pyrénées), m'engage envers M. Tisserand Georges, à Montflaubert (Hautes-Pyrénées), à lui payer à titre de commission et honoraires et pour l'indemniser de ses frais et débours :

1° Cinq pour cent du prix de la vente de mon terrain et dépendances du domaine de Neussorgues, suivant le plan dressé par M. Campion, architecte à Tarbes, et en plus,

2° La moitié soit 50 % (cinquante pour cent) du surplus du prix de vente à 60.000 fr. (soixante mille francs) réservé à son bénéfice.

Je donne mandat exclusif à M. Tisserand de me rechercher un acquéreur, particulier ou Société, et lui paierai les commissions ci-dessus stipulées le jour même du versement des fonds.

Bon valable jusqu'au trente septembre mil neuf cent neuf.

ANTOINE RIEUX.

Le terrain contenant le gisement minier s'est vendu à une Société d'études et recherches, au prix de 80.000 fr. L'Intermédiaire a touché 10.000 fr. + 4.000 fr. = 14 000 fr.

Entre temps une Société anonyme au capital de 600.000 fr. a été créée pour l'exploitation de la mine, le vendeur a touché pour cession de droits, qui lui avaient été réservés par la Société d'études, une somme de 40 000 fr. dont 20.000 fr. d'après le Bon de Commission précédent ont été abandonnés à M. Tisserand.

L'Intermédiaire a touché pour sa rémunération une commission totale de 34.000 fr. en espèces.

Les lettres contenant les promesses ou engagements de commission que vous venez de lire, ont certainement rappelé à vos souvenirs ou présenté à votre pensée des opérations semblables que vous aussi auriez traitées autour de vous, avec les mêmes avantages que les intermédiaires que je connais personnellement et qui les ont toutes réussies.

Pour vous donner une idée de la facilité avec laquelle vous pouvez, en suivant mes conseils, remplir un rôle d'intermédiaire, nous allons voir ensemble la marche que vous auriez à suivre pour vous intéresser à une opération des plus courantes, la *vente d'un fonds de commerce.*

POUR FAIRE VENDRE UN PETIT FONDS DE COMMERCE

UN EXEMPLE

1° Acheteur.

Vous avez appris par connaissances, relations, etc., par vous même, ou personne de votre famille, que Mme Vve Durand, qui n'a pas assez de revenus pour vivre rentière, désire acheter un petit commerce pour dame, auquel elle pourrait consacrer une somme de 4 à 5.000 francs.

2° Vendeur.

Vous avez justement entendu dire dans votre entourage que Mlle Lambert, tenant un magasin de confiserie, thés, cafés, chocolats, venant de faire un héritage, serait disposée à se retirer et à vendre son fonds de commerce.

Vous connaissez les deux personnes, ou si vous n'êtes pas directement en relations avec elles, vous trouvez un moyen de vous mettre en rapport, et procédez ensuite comme suit :

Vous allez trouver Mlle Lambert, vous lui dites que vous avez peut-être une personne pour prendre sa suite, et vous lui demandez, en vous gardant bien de lui donner le nom du futur acheteur, de vous signer un Bon de Commission.

Bon de Commission

(Bonne formule)

Je soussigné, Mlle Léonie Lambert, propriétaire du magasin de confiserie, thés, chocolats, dénommé « A l'Ile de Bornéo » situé, 198, rue St-Ferréol, à Marseille, m'engage envers Mme Henriette Reginal, comptable, 115, cours des Chartreux, à lui payer à titre de commission et honoraires et pour l'indemniser de ses frais et débours, une commission de mille francs, à forfait sur le premier argent versé par l'acquéreur et par privilège si par son intermédiaire ou sur ses indications, je vends et cède le fonds de commerce, ci-dessus désigné, que je déclare m'appartenir et n'être grevé d'aucun privilège de vendeur ou nantissement, à une personne qu'elle m'aura désignée ou recommandée et à partager avec Mlle Reginal les arrhes ou indemnités abandonnées par l'acquéreur au cas de dédit, après déduction et remboursement des frais que la dite vente et résiliation auraient pu lui occasionner.

Fait et signé pour être exécuté de bonne foi.

Marseille, le 27 février 1915.

Léonie LAMBERT.

Vous vous faites donner tous les renseignements pour pouvoir les communiquer à votre acheteur :

1° Le bail ;

2° Le prix du loyer, le nombre de pièces, la description du logement ;

3° L'importance du commerce, le chiffre d'affaires et les bénéfices ;

4° Les frais, impôts employés, assurances, eau, gaz, etc. ;

5° L'existence du fonds et le temps depuis lequel le tient le vendeur ;

6° Les marchandises en magasin ;

7° Le prix et la condition de vente.

Une fois en possession de ce bon, mais à ce moment seulement (bien prendre note de cette recommandation), vous allez trouver Mme Vve Durand, vous lui proposez de faire la connaissance de Mlle Lambert et visiter son magasin qui, d'après vous, pourrait lui convenir.

Il est superflu, chère lectrice (puisque dans notre exemple, c'est une dame qui sert d'intermédiaire — et les dames y réussissent très bien —) il est superflu, dis-je, de vous recommander dans ces quelques démarches auprès des deux intéressées de faire les choses de la façon la plus naturelle, en vous servant des circonstances, parce que vous n'êtes pas une professionnelle, mais que vous faites traiter par connaissance.

Vous n'en toucherez pas moins après réussite, dans l'exemple que nous citons, une commission de mille francs qui vous sera payée par la vendeuse le jour où elle-même touchera son argent.

Quand et comment se paient les Commissions.

En règle générale, après la réussite de la négociation engagée, dès que l'affaire devient définitive par la signature des actes, s'il en a été faits, ou que le marché ou la convention verbale entre les parties reçoit son exécution.

A la signature du bail, ou à la remise des clés par le propriétaire ou le régisseur s'il s'agit d'une location.

A la livraison de l'objet, pour une vente au comptant, par le commerçant ou le particulier vendeur.

Pour les ventes à crédit, sauf convention plus large consentie par le vendeur, au paiement du premier acompte ou billet.

Par l'agent général d'une Compagnie d'assurances au paiement de la première prime.

S'il s'agit de propriétés ou immeubles, sur le premier argent versé par l'acquéreur chez le notaire, si vous avez eu la précaution d'insérer cette clause dans le Bon de Commission, comme nous vous l'avons recommandé.

Enfin, pour la vente des fonds de commerce qui nous intéresse plus particulièrement, par le vendeur ou le mandataire chez qui domicile a été élu, après expiration des délais d'opposition (dix jours après le 2e avis ou publication dans les journaux). Voir la 2e Partie.

CONCLUSION

Si les bénéfices, cher lecteur, que vous aurez réalisés en faisant traiter quelques affaires autour de vous, comme nous vous en avons donné des exemples caractéristiques, vous donnent le goût de la profession d'Intermédiaire et que votre désir soit de vous y consacrer d'une façon exclusive, vous trouverez, dans la 2e Partie de cet ouvrage, la marche à suivre pour vous procurer des fonds de commerce de tous genres et vous amener des acheteurs, et les moyens les plus pratiques qui m'ont permis de gagner, avec une jolie fortune, toute la considération qu'on peut espérer dans les affaires. Ce que, tous, vous pouvez réaliser et ce que je vous souhaite de grand cœur.

FIN DE LA PREMIÈRE PARTIE.

DEUXIÈME PARTIE

J'ai, dans les pages qui précèdent, donné des conseils pratiques et cité des exemples qui vous ont permis de vous intéresser, sans quitter vos occupations habituelles, à quelques affaires dont vous avez recueilli autour de vous les éléments, je vous ai appris à toucher votre commission dont je vous ai justifié la légitimité.

Vous m'avez écouté, vous avez fait, presque sans vous déranger, une ou plusieurs opérations qui ont mis entre vos mains un petit capital, et voyant que le métier est bon, vous vous proposez de vous y consacrer exclusivement.

C'est à l'usage de ceux de mes lecteurs qui seraient dans ces intentions, que je donne dans la 2e Partie de ce livre un Manuel succinct mais suffisamment complet de l'*Intermédiaire*, en prenant pour modèle la branche la plus connue et certainement une des plus lucratives, **l'Intermédiaire en Fonds de Commerce,** profession commerciale pouvant être exercée par tous ceux, Messieurs ou Dames, que la loi autorise à faire le commerce, sans exception.

Vous avez pris, dans un bon quartier de votre ville, un bureau ; deux pièces et une installation très simple vous suffisent.

Il ne faut plus attendre maintenant que les affaires vous arrivent par connaissance ; sans dédaigner celles que vos relations peuvent vous procurer, il vous faut en rechercher d'autres, et, pour y arriver, vous servir du roi des moyens de celui qui a toujours réussi à l'auteur : *La Publicité* sous toutes ses formes, spécialement la *Publicité des journaux à grand tirage.*

Choisissez le journal le plus important de votre région, peu importe son opinion politique. Prenez celui qui a le plus grand nombre de lecteurs, dont les annonces sont les plus efficaces, et pour être sûr de ne pas vous tromper, celui dont le tarif est le plus élevé, c'est l'indice certain pour reconnaître le journal dont les annonces ont le plus de lecteurs, seule chose qui puisse vous intéresser.

Votre choix fait, demandez, en présentant votre carte, indiquant vos adresse et profession, à ce qu'il vous soit appliqué le tarif réduit, que tous les journaux accordent généralement aux agences, officiers ministériels, etc., et servez-vous de la grande voix de la presse pour vous procurer ce que vous recherchez :

1° Des fonds de commerce, cafés, hôtels, bars, restaurants, boucheries, boulangeries, épiceries, modes, teintureries, meublés, vêtements, etc.

2° Des acheteurs pour les fonds qu'on vous aura chargé de vendre, en vous signant un Bon de Commission régulier. (Voir modèle, aux formules ci-après, page 37).

Des Annonces.

Les annonces doivent être claires, brèves mais suffisamment explicites, conformes au lignage du journal, c'est-à-dire d'un nombre de lettres, signes, points ou intervalles qui ne peut être dépassé pour une seule ligne. N'abusez pas pour économiser des lignes, des abréviations qui rendraient votre annonce inintelligible.

Des annonces plus importantes peuvent être rédigées sur plusieurs colonnes, soit le 1/4, le 1/3, même la moitié de la largeur de la page, mais ceci est exceptionnel dans la publicité des agences qui se fait généralement sur une colonne le plus souvent, quelquefois sur deux. Nous en donnerons plus loin des spécimens.

EXEMPLES

d'annonces sur une colonne (10 colonnes à la page), dans un journal accordant 30 lettres ou espaces à la ligne.

1° Pour demander des Fonds de Commerce.

a) Fonds de Commerce pour Dame

(1)
DAME disp. 3.000 fr. compt. dés. acheter pet. commerce lui donnant **10** f. de bén. p. jour. Ecrire.................. (votre adresse)

b) Fonds de Comce p. Mr ou Ménage

(2)
HOTEL On dem. à prendre la suite bonne Mais. de 2e ordre, avec 10.000 f. compt. Bonne garantie p. la différence. S'adresser....... (votre adresse)

Choisissez ces fonds dans les professions qui vous ont déjà été demandées par des acquéreurs, ou que vous présumez devoir l'être le plus.

Pour cela point de conseils à donner, suivant vos antécédents, vos goûts, vos préférences, vos occupations anciennes procurez-vous dans tous les genres des fonds de commerce tels que : Bars, Cafés, Hôtels, Épiceries, Merceries, Papeteries, Bureaux de Tabacs, etc., dans toutes les branches de l'industrie et du commerce gros ou détail, dans l'alimentation, l'habillement, l'ameublement, la chaussure, etc.

Quand vous aurez constitué ainsi un petit stock à proposer aux acheteurs, point n'est besoin d'en avoir une quantité, faites paraître à nouveau deux annonces pour le commerce pour dame (1) et l'hôtel (2) que vos précédentes demandes vous auront certainement procurés.

2° Pour offrir les Fonds de Commerce.

Après avoir eu soin de prendre le Bon de Commission (voir page 37), faites passer dans le journal les deux annonces ci-après :

(1)
COMMERCE P. DAME
Rapp. 4.000 f. bénéf. par an, bien logé dans joli quart. Pr. 5.000 fr. Vendeur malade accepte 3.000 fr. comptant. Ecrire ou voir M..... ....(votre adresse)

(2)
Pour se retirer ON CÈDE
HOTEL 2e ordre, tenue parfaite, met 8.000 fr. de côté par an. Prix 2.000 f., moitié comptant. S'adresser........... ....(votre adresse)

Donnez dans vos annonces la préférence aux fonds que vous jugez les meilleurs dans ceux que vous avez récoltés et aussi, pourquoi ne pas le dire, à ceux qui doivent vous procurer la commission la plus intéressante.

Encore quelques idées en matière d'annonces et quelques spécimens variés.

Je vous ai dit que les annonces doivent être brèves, il ne faut pas fatiguer le lecteur par de trop longues énumérations ; d'autre part, la publicité qui porte, la seule qu'il vous faut faire est assez coûteuse, il ne faut donc pas prodiguer les lignes, mais faire passer sous ses yeux, en les résumant, les parties les plus intéressantes des renseignements que vous avez obtenus sur chaque fonds, les côtés avantageux de l'exploitation appelés à retenir l'attention des acheteurs :

1° Le motif qui fait céder, maladie, mort, vieillesse, infirmité, accident, etc.

2° Le bail, le loyer et la description sommaire du logement quand vous les jugez avantageux.

3° Le chiffre d'affaires présenté par jour, mois ou année suivant le genre et l'importance du commerce.

4° Le bénéfice annoncé par le vendeur.

5° Les frais journaliers, etc.

En présentant vos fonds par la voie des annonces vous avez le droit, comme tout bon voyageur, de flatter votre marchandise et de la faire voir sous le jour le plus avantageux pour attirer les clients.

Mais il y a là une question de mesure et une annonce exagérée ou mensongère produirait l'effet contraire et détournerait les acheteurs de votre cabinet.

Rien ne valant quelques bons exemples, voici des annonces variées de fonds de commerce, industries ou situations, qui toutes ont paru dans les grands journaux à diverses époques, fait venir les acheteurs et traiter la vente, réussir la formation d'une Société, etc.

ALIMENTATION

BOULANGERIE

quartier riche, tr. belle clientèle. Pétrin mécanique p. 18 quintaux par jour, beaucoup de pain de luxe et de fantaisie. Loyer 1.400 f. avec 1er étage, logem', électricité partout. Bénéf. net prouvé, 23 fr. par jour. Prix 20.000 fr., moitié comptant. Ecrire..............

ÉPICERIE - COMESTIBLES

A CÉDER. 35 ans existence d. la même rue. Recette 100 f. p. jour. Vendeur se retire après fort^es faite. Pr. du fonds 5.000 fr. compt. Facilit. p. les marchandises. Ecr. ou voir..............

BARS - CAFÉS - HOTELS - RESTAURANTS

Apr. décès du mari, Veuve cède **PETIT BAR** tenu 15 ans. Bénéfice 25 fr. p. j. Loyer 1.300 f., t. b. logem'. Pr. 11.000 f. S'adr. av. 31 courant à s. mandataire M.............. .... (v. nom et adresse)

Gd CAFÉ-BILLARD, ETABLISSEMENT 1er ORDRE

Recette, 78.000 f. par an, prouvée par comptabilité régulière et factures des fournisseurs à l'appui, frais généraux, 19.000 fr.

Bénéfice net par an, 20.000 fr.

Les deux précédents propriétaires retirés après fortune.

Prix, **40.000 fr.** dont 20.000 comptant. *Très belle affaire à saisir.* P. renseignements et visiter, écrire à M..

HOTEL MEUBLÉ

18 nos tous luxueux, lits de milieu, armoires à glace et beau mobilier d. toutes les chambres, rapport moyen, compris le casuel, **45 fr. p. jour** *p. motif grave à expliquer,* à céder à moitié de sa valeur, soit, 22.000 f. Ecrire, etc.

RESTAURANT

près grande Gare, ***situat. exceptionnelle.*** Rec. 140 f. p. jour avec 25 % de bénéf. net, **12.000 f. par an.** 8 chambres *toujours louées d'avance* paient le loyer et tous les frais. Pr. 18.000 fr. Occasion rare. Ecrire, etc.

DIVERS

PAPETERIE, JOURNAUX beaucoup de cartes postales, joli magasin cédé par Dame âgée et malade au prix d'un an de bén. net, soit 3.000 f. Pressé. Ecr., etc.

PHARMACIE Exist. 50 ans. P. de Sociétés Casuel et clientèle bourg. Bénéf. net par an, 11.000 f. Propriétaire actuel part Colonies, cède de suite. Pr. 28.000 f. Ecrire, etc.

Quelques annonces brèves, 3, 2, même 1 ligne, ont donné souvent de très bons résultats.

ÉPI **CERIE**, Buv. b. placée, loyer 600 f. Rec. 60 f. Bén. net 12 f. p. j. C. malad. sacrif. 2.500 f.....

VINS **Huiles, Savons.** 8 f. net p. j. ap. accid^t. 2.000 f. cpt.

1.500 f. b. comest. Rec. 55 f. p. j.

SOCIÉTÉS — CAPITAUX

DEMANDE

INDUSTRIEL Métallurgie, poss^t. usine et import. matériel *qu'il donne en garantie*, gagn. compt. 18.000 f. p. an, p. doubl. ses bénéf. prend. **Associé** av. app^t de 40.000 f. Ecr.

OFFRE

MR DISPOSANT 40.000^f. pouv. rep. p. 200.000, s'assoc. ou s'intéress. d. bonne *industrie* ou gros négoce. Ecrire, etc.

Modèle d'un " Bon de Commission "

FORMAT DU TIMBRE (feuille de 0.60)

Pour pouvoir au besoin être présenté à l'Enregistrement

(TIMBRE OU IMPRIMÉ DE L'INTERMÉDIAIRE)

BON DE COMMISSION

Renseignements fournis par les Vendeurs :

Bail : 6 années, finit le 31 mars 1920.
Loyer : 1.400 fr. payable par trimestre et d'avance.
Description : Magasin et arrière-magasin, cuisine et deux chambres au rez-de-chaussée, en tout 5 pièces.
Recette : Moyenne par jour 40 fr., 13.860 en 1914.
Bénéfice : Moyen 30 %.
Impôts : Patente 214 fr.
Frais généraux : Femme tient seule avec petite bonne.
Existence : 25 ans.
Tenu : 6 ans.
Cause de Vente : Mariage.
Prix du fonds : 5.000 fr. à débattre.
Marchandises : Environ 3.500 fr.

Observations. — Petit magasin bien placé, bien tenu.

Je soussigné, Mlle Jenny Robert, propriétaire du fonds de Mercerie-Bonneterie, à Paris, 14, rue du 4-Septembre, m'engage à payer comptant, sur le premier argent versé par l'acquéreur et par privilège à M. Henry Michel, 104, rue Poissonnière, la somme de cinq cents francs à forfait, à titre de commission et honoraires, si mon fonds, 14, rue du 4-Septembre, est vendu par son intermédiaire ou sur ses indications.

Les arrhes ou indemnités versées comme dédite sont à partager avec lui après déduction de ses frais et débours.

Fait et signé en double, à Paris, le premier septembre mil neuf cent quinze.

Le Vendeur, *L'Intermédiaire,*

JENNY ROBERT. HENRY MICHEL.

Vente d'un Fonds de Commerce.

Soit parmi les personnes avec qui vous êtes en relations, soit parmi celles que vos annonces ont amenées à votre bureau, vous avez trouvé un acheteur et avez réussi à lui vendre le commerce pour dame qui avait fait l'objet de votre annonce et pour lequel vous aviez fait signer, suivant notre recommandation formelle, le Bon de Commission (voir page 37).

Vous lui avez promis de bonne foi les renseignements tels que le vendeur vous les a donnés, vous y avez ajouté votre appréciation personnelle et fait votre possible pour décider les parties à traiter comme tout bon voyageur ou courtier, mais ceci, ne l'oubliez pas, sans jamais engager de responsabilité personnelle car vous n'êtes qu'un Intermédiaire qui avez simplement mis l'acheteur et le vendeur en présence, enfin vous avez réussi à faire vendre le fonds.

Dès le consentement acquis, vous devez immédiatement dresser l'acte de vente dont voici une formule très simple mais suffisante et vous faire verser entre vos mains (puisque les parties vous ont accepté comme dépositaire du fonds), les arrhes ou acompte qui y sont stipulés.

MODÈLE D'UNE PROMESSE DE VENTE

ACTE SOUS-SEING PRIVE

Entre les soussignés :

Mademoiselle Jenny Robert, propriétaire du fonds de Mercerie-Bonneterie, 11, rue du 4-Septembre à Paris

d'une part;

Et Madame Vve Joseph Bernard, née Louise Rey, 3, rue de l'Eglise, Passy (Seine)

d'autre part;

Il a été expliqué, convenu et arrêté ce qui suit :

Mlle Robert vend, cède et transmet avec toutes garanties de fait et de droit à Mme Bernard qui accepte et déclare avoir plusieurs fois visité et parfaitement connaître le fonds de mercerie-bonneterie que la vendeuse possède et exploite à Paris, 14, rue du 4-Septembre.

Dans cette vente se trouvent compris l'enseigne et le nom commercial, la clientèle, l'achalandage, la subrogation au bail des lieux aux mêmes prix, clauses et conditions de la venderesse ainsi que tous les agencements, le mobilier commercial et le matériel servant actuellement à l'exploitation du fonds de Commerce et dont inventaire a été dressé et signé des parties.

Le prix est fixé, convenu, accepté à la somme de quatre mille cinq cents francs qui sera payée ainsi qu'il suit :

1o Mille francs, ce jour, comptant et en espèces, à la signature des présentes, à compte et à valoir sur le prix du fonds et à titre d'arrhes au cas de dédite, Mlle Robert prenant engagement réciproque (C.C. art. 1590).

2o Le solde, soit trois mille cinq cents francs le quinze novembre prochain.

Pour la sûreté de l'acquéreur les espèces formant le montant du prix de la présente vente seront versées et resteront déposées jusqu'à la prise de possession, et dans tous les cas pendant le délai de vingt jours qui suivra le 2e avis (Loi du 17 mars 1909, art. 5 et suivants), aux mains de M. Henry Michel, 104, rue Poissonnière à Paris, rédacteur des actes, qui a mis les parties en présence en simple qualité d'intermédiaire, chargé de faire les publications légales, recevoir et régler les oppositions; à ces fins, les parties élisent domicile à Paris, 104, rue Poissonnière, et acceptent, au cas de litige, la juridiction du Tribunal de Commerce de la Seine.

Les marchandises en magasin le jour de la prise de possession seront cédées à Mme Bernard, au prix de facture après inventaire et expertise s'il y a lieu et payées comptant en espèces.

La prise de possession est fixée au trente novembre prochain.

Ce même jour Mlle Robert devra justifier par la présentation des quittances du paiement des termes échus ou exigibles du loyer, impôts, assurances, eaux, gaz, etc., afférents au fonds vendu; Mme Bernard, seule, jouira dès lors de tous les bénéfices et supportera toutes les charges, elle paiera les frais d'actes et autres accessoires à la vente (C.C. art. 1593) les actes et publications comptant ce jour les droits d'enregistrement dans le délai de trois mois.

Mlle Robert s'interdit de se rétablir ou s'intéresser directement ou indirectement dans un commerce de même genre, dans un rayon de mille mètres à vol d'oiseau du fonds vendu à peine d'indemnité.

Cette interdiction cessera de plein droit le jour où Mme Bernard aura revendu le fonds qui en fait présentement l'objet.

Fait et signé double.

Paris le quinze octobre mil neuf cent quinze.

Signé :

Jenny ROBERT. Vve Joseph BERNARD,

née Louise Rey.

Au cas où vous ne croiriez pas devoir vous servir d'une formule toute préparée à l'avance, ce qui est préférable pour éviter la perte du temps, qui est

précieux à ce moment, n'oubliez pas que pour être valable :

1° L'acte doit être écrit sur feuille de papier timbré de 0 fr. 60 (en cas contraire les parties seraient obligées de payer une amende).

2° Contenir les noms, prénoms et adresses de l'acheteur et du vendeur.

3° L'indication non seulement en chiffres, mais en toutes lettres, des sommes et des dates telles que les échéances s'il en est stipulé.

4° La date de l'entrée en jouissance ou prise de possession, toujours fixée au plus tôt vingt jours après la publication du 1er avis, à cause des délais légaux.

5° L'indication que l'acheteur a plusieurs fois visité et pris parfaite connaissance, que l'inventaire du mobilier commercial et matériel a été fait et signé des parties.

La date de l'acte en lettres.

6° Et la mention *lu et approuvé* écrite en entier de la main de l'acheteur et du vendeur et suivie de leurs signatures.

Les mineurs devront être assistés de leurs parents ou tuteurs, les femmes mariées de leurs maris ou apporter leur consentement par écrits ou procurations.

Arrhes et Acompte

Le versement d'arrhes ou acompte à la signature de l'acte a pour but de garantir au vendeur que son fonds est bien vendu et que l'acheteur a l'intention d'en prendre livraison.

Au cas où ce dernier voudrait se dédire il est en effet obligé d'abandonner les arrhes qu'il a versées et ceci sans contestation possible (Code civil, art. 1590) : « Si la promesse de vente a été faite avec des » arrhes, chacun des contractants est maître de s'en » départir, celui qui les a données en les perdant, » celui qui les a reçues en restituant le double. »

S'il n'a pas été stipulé d'arrhes, mais qu'il ait été versé un acompte la vente est ferme, l'acquéreur ne peut jamais se dédire et le vendeur peut en poursuivre l'exécution.

Observation très importante. — Ne jamais faire ni signer une vente sans qu'il soit versé ou des arrhes ou un acompte.

Si ce sont des arrhes, s'efforcer de les faire fixer au double de la commission, au cas de dédite les arrhes étant partagées avec l'Intermédiaire (voir le Bon) les intérêts de l'Intermédiaire sont sauvegardés.

L'inventaire des agencements, mobilier et matériel, se fait le jour même de la vente.

Frais d'actes et publications. — Ces frais qui sont à la charge de l'acquéreur doivent être payés par lui en signant la vente (art. 1593 du C. C.): « Les frais d'actes et autres accessoires à la vente » sont à la charge de l'acheteur.

Billets ou Valeurs. — Si le vendeur a accordé du crédit et qu'il soit stipulé des échéances, il est bon de faire signer en même temps les billets stipulés dans la vente en ajoutant sur chacun d'eux les intérêts dont les parties auront convenu.

Marchandises cédées avec le fonds. — Leur inventaire en a lieu le jour ou la veille de prise de possession, c'est ce jour qu'a lieu la remises des clés, le règlement et que sont échangés les reçus qui libèrent vis à-vis du vendeur aussi bien l'acheteur que l'Intermédiaire détenteur des fonds.

Publications. — L'Intermédiaire qui a accepté l'élection de domicile à son bureau doit veiller avec le plus grand soin à la publication à bonne date des deux avis exigés par la loi.

Loi du 17 mars 1909.

« Art. 3. — Toute vente ou cession de fonds de » commerce.... sera, dans la quinzaine de sa date, » publiée à la diligence de l'acquéreur, sous forme » d'extrait ou d'avis dans un journal d'annonces

» légales de l'arrondissement. L'extrait ou avis » contiendra la date de l'acte, les noms, prénoms et » domiciles de l'ancien et du nouveau propriétaire, » c'est-à-dire du vendeur et de l'acheteur, la nature » et le siège du fonds, l'indication du délai ci-après » fixé pour les oppositions et une élection de domi- » cile dans le ressort du Tribunal. La publication » sera renouvelée du huitième au quinzième jour » après la première inscription ».

Ces publications ont pour but de prévenir les créanciers du vendeur et leur permettre de faire opposition à la vente jusqu'au paiement de leur créance ; elles sont absolument indispensables car l'article en question se termine par l'avertissement ci-après qui est des plus sérieux :

« L'acquéreur qui sans avoir fait les publications, » ou avant l'expiration du délai de *dix jours*, aura » payé son vendeur ne sera pas libéré à l'égard des » tiers ».

Oppositions. Réclamations. — L'Intermédiaire chez qui domicile légal a été élu doit veiller à ce que son acquéreur prenne possession d'un fonds libre de toutes charges antérieures à la prise de possession et pourraient être imposées abusivement au nouveau propriétaire.

Les deux publications légales avec délai de dix jours après le deuxième avis pour recevoir et régler les oppositions ont été faites dans ce but.

Si le vendeur n'a pas réglé et s'il ne s'est pas fait donner main-levée par le créancier opposant, la totalité de l'argent et des valeurs formant le montant du prix de la vente doit être conservée et consignée au besoin jusqu'à ce que l'accord soit intervenu entre vendeur et créanciers, défalcation faite de la commission, qui, d'après le Bon de Commission signé, doit être payée par privilège et avant tous autres.

Les oppositions faites même par simples lettres peuvent être reçues et réglées si le vendeur y consent; au cas de discussion n'ont d'existence légale et ne peuvent être admises que celles formulées par « acte extra-judiciaire » (Exploit d'huissier).

Prise de Possession ou Entrée en Jouissance. Règlement.

Les délais d'opposition (10 jours après le deuxième avis sont expirés, le jour de la prise de possession est arrivé, voici le moment du règlement qui doit être fait par vos soins, puisque le domicile élu est, ou votre bureau, soit que vous ayez conservé les fonds soit que vous en ayez effectué le dépôt dans une banque, ou chez un tiers honorable, un des fournisseurs du vendeur par exemple, si vous avez voulu vous éviter ce souci.

Le vendeur doit présenter à ce moment les reçus du propriétaire, des impôts, régie, licence, des eaux, gaz, électricité, vidanges, assurances, etc., en un mot de toutes les charges auxquelles est assujetti le fonds de Commerce.

Un décompte est établi, l'acquéreur doit rembourser au vendeur les parties des loyer, impôts, assurances, etc., que ce dernier aurait pu payer à l'avance pour une période dépassant le jour du changement ; le contraire a lieu si c'est l'acquéreur qui règle de l'arriéré.

1er Exemple : La prise de possession est fixée au 31 octobre, le loyer a été payé d'avance jusqu'à fin décembre.

L'acquéreur doit verser au vendeur le montant de deux mois de loyer. novembre et décembre.

2e Exemple : La prise de possession a eu lieu le 30 avril. A cette date, sur les impôts s'élévant à 300 fr., il n'a été versé aucun acompte.

Le vendeur doit verser à son acquéreur le montant de quatre douzièmes des contributions, soit 100 fr.

Les paiements doivent être effectués comme suit, cet ordre est rigoureux.

Privilèges. — 1° Les impôts et taxes assimilées dues à l'Etat, Département ou Ville, telles que licence ou régie pour les débitants, taxe municipale, trottoirs, étalages, tente, etc.

2° Loyer, privilège du propriétaire.

3° Votre commission, telle qu'elle est stipulée dans le Bon qui vous a été signé par le vendeur.

4° Les créanciers possédant un privilège de vendeur ou nantissement (voir plus loin).

Toutes ces créances privilégiées doivent être payées intégralement, même si le montant du prix ne suffisait pas à régler tout le passif.

Le solde du prix doit servir à payer :

5° Les créanciers qui ont formé opposition.

6° Les créanciers ordinaires.

Ces derniers au marc-le franc, si le montant du prix ne suffisait pas à couvrir tout le passif.

Le solde du prix est remis au vendeur contre décharge régulière.

A ce moment l'acquéreur, en prenant possession, échangera le ou les reçus provisoires qui lui ont été remis par l'Intermédiaire (voir les formules ci-après) contre les reçus-décharges définitifs qui le libèrent complètement de même que l'Intermédiaire qui a fait aboutir leurs accords.

Publications.

Toute vente ou cession de fonds de commerce ou d'industries doit, aux termes de la loi, être publiée dans un journal d'annonces légales de l'arrondissement.

Vous trouverez dans le texte de la loi du 17 mars 1909 qui régit la matière et que nous publions plus loin, les formalités auxquelles cette publication est assujettie.

Comme elle a pour but de permettre aux créanciers privilégiés ou ordinaires de se faire connaître et régler avant la prise de possession, l'Intermédiaire doit veiller avec soin à ce que cette formalité soit accomplie en temps utile.

Faute de quoi la vente aurait le caractère clandestin et l'acquéreur pourrait être rendu responsable des dettes de son prédécesseur.

Cette explication fournie nous vous donnons comme exemple les deux avis à faire paraître pour la vente que nous vous avons donnée comme modèle (voir page 40).

1er AVIS OU INSERTION

à faire paraître dans la quinzaine de la signature de l'acte de vente, pour celle qui nous intéresse, par conséquent avant le 30 octobre 1915.

1er Avis de Vente

« Mlle Jenny Robert, 14, rue du 4-Septem-
» bre, Paris, a vendu son fonds de commerce de
» Bonneterie-Mercerie à cette adresse, à Mme Vve
» Joseph Bernard, née Louise Rey, 3, rue de l'Egli-
» se, Passy (Seine), par acte sous-seing privé en
» date du 15 octobre, passé par mon intermédiaire.

« Adresser les oppositions, s'il y a lieu, au domicile » élu à mon cabinet Henry Michel, 104, rue Poisson- » nière, Paris ».

2e AVIS OU INSERTION

à faire paraître dans le même journal qui a publié la 1re insertion du huitième au quinzième jour après celle-ci, soit donc, si le 1er avis a paru le 30 octobre, du 7 au 14 novembre au plus tard.

2e Avis de Vente

« Mlle Jenny Robert, 14, rue du 4-Septembre, » à Paris, a vendu son fonds de Bonneterie-Merce- » rie à cette adresse, à Mme Vve Joseph Bernard, » née Louise Rey, 3, rue de l'Église, Passy (Seine), » par acte sous-seing privé en date du 15 octobre, » passé par mon intermédiaire.

» Adressez les oppositions, s'il y a lieu, au domi- » cile élu à mon cabinet Henry Michel, 104, rue » Poissonnière, à Paris, dans le délai de dix jours » du présent avis, à peine de forclusion ».

Nous terminons par les meilleurs modèles de reçus ou quittances à délivrer aux parties.

Reçus

Reçu des arrhes ou acomptes

délivré par l'Intermédiaire si les fonds sont déposés chez lui (*Modèle 1*).

Je soussigné, Henry Michel, 104, rue Poissonnière à Paris, reconnais avoir reçu ce jour de Mme Vve Joseph Bernard née Louise Rey, 3, rue de l'Église, à Passy (Seine), la somme de mille francs, acompte et à valoir sur le prix du fonds de Mercerie-Bonneterie dont elle vient de se rendre acquéreur par mon intermédiaire de Mlle Jenny Robert, 14, rue du 4-Septembre à Paris, par acte sous-seing privé en date de ce jour et à titre d'arrhes au cas de dédite, Mlle Robert, venderesse, ayant pris dans l'acte l'engagement réciproque (art. 1590 du C. C.).

Paris, le quinze octobre mil neuf cent quinze.

Signé : Henry MICHEL.

(Art. 1590 du C. C.). Si la promesse de vente a été faite avec des arrhes chacun des contractants est maître de s'en départir.

Celui qui les a versées en les perdant.

Celui qui les a reçues en restituant le double.

Ce reçu destiné à l'acheteur quand il verse l'acompte ou les arrhes en signant la promesse de vente doit lui être réclamé au moment du règlement définitif et échangé contre le reçu direct du vendeur.

Reçu des acomptes ou du montant du prix

délivré par l'Intermédiaire si les fonds sont déposés chez lui (*Modèle 2*).

Je soussigné, Henry Michel, 104, rue Poissonnière à Paris, avoir reçu ce jour de Mme Vve Joseph Bernard née Louise Dumont, 3, rue de l'Église, à Passy (Seine), la somme de trois mille cinq cents francs pour solde du prix d'achat du fonds de Mercerie-Bonneterie de Mlle Jenny Robert, 14, rue du 4-Septembre à Paris dont elle s'est rendue acquéreur par acte sous-seing privé en date du 15 octobre 1915.

Paris, le quinze novembre mil neuf cent quinze.

Signé : Henry MICHEL.

Si on retire le premier reçu, porter la somme totale encaissée.............................

....

.... quatre mille cinq cents francs, dans cette somme se trouvent compris mille francs versés à la signature de la promesse de vente, acompte et à titre d'arrhes au cas de dédite.

Observation très importante. — Ce reçu, comme le précédent (n° 1), comme tous ceux délivrés par l'Intermédiaire pendant les délais fixés par les publications, doit être échangé au règlement, à la prise de possession, contre le reçu du vendeur. (Voir formules 3 et 4).

Décharge.

Reçu donné par le vendeur

au règlement, à la prise de possession, fait en double expédition, un pour l'acheteur, un pour l'Intermédiaire (*Modèle 3*).

Reçu-Décharge pour l'Intermédiaire.

Je soussigné, Jenny Robert, 14, rue du 4-Septembre à Paris, reconnais avoir reçu des mains de M. Henry Michel, 104, rue Poissonnière à Paris, la somme de quatre mille cinq cents fr. espèces, montant du prix de la vente de mon fonds de Mercerie-Bonneterie, sis à Paris, 14, rue du 4-Septembre, que par acte sous-seing privé en date du 15 octobre 1915 j'ai vendu et cédé par son intermédiaire à Mme Vve Joseph Bernard, née Louise Dumont, 3, rue de l'Église, à Passy, et lui donne par le présent, de même qu'à l'acquéreur, pleine et entière décharge sans restriction ni réserve.

Paris, le trente novembre mil neuf cent quinze.

Signé : Jenny ROBERT.

Reçu-Décharge pour l'Acquéreur.

(Modèle n° 4)

Je soussigné, Jenny Robert, 14, rue du 4-Septembre à Paris, reconnais avoir reçu de Mme Vve Joseph Bernard, née Louise Dumont, 3, rue de l'Eglise, à Passy, la somme de quatre mille cinq cents francs espèces, montant du prix de la vente de mon fonds de Mercerie-Bonneterie, que par acte sous-seing privé en date du 15 octobre 1915 je lui ai vendu et cédé par l'intermédiaire de M. Henry Michel, 104, rue Poissonnière à Paris, et donne par le présent à Mme Bernard, de même qu'à M. Michel, des mains duquel je reçois le dit paiement, pleine et entière décharge sans restriction ni réserve.

Paris, le trente novembre mil neuf cent quinze.

Signé : Jenny ROBERT.

Du Privilège de Vendeur et du Nantissement

Les vendeurs qui ont accordé des facilités de paiement peuvent user des droits que la loi leur accorde pour se faire garantir le paiement des sommes qui leur restent dues sur le prix de la vente.

Il y en a deux :

1° Le privilège du vendeur renfermé dans l'article 1654 du C. C. (action résolutoire ou résolution de la vente au cas de non paiement).

2° Le nantissement, c'est-à-dire le dépôt en gage du fonds vendu, conformément à la loi du 17 mai 1909.

Privilège de vendeur et nantissement sont mentionnés dans l'acte de vente suivant formule ci-après. (Acte de vente avec nantissement, page 56).

Un original est déposé au greffe du Tribunal de Commerce du domicile élu, accompagné d'un bordereau énumératif. (Formule du bordereau sur papier libre, page 61).

L'inscription est prise du jour même du dépôt, constaté par une expédition que le greffier délivre quelques jours après.

Ces garanties qui équivalent à une véritable hypothèque peuvent engager des vendeurs à accorder des facilités et l'Intermédiaire doit s'en servir pour arriver à les faire obtenir à son client.

VENTE DE FONDS DE COMMERCE

contenant privilège de Vendeur et Nantissement

ACTE SOUS-SEING PRIVÉ

Entre les soussignés :

Monsieur Issartier Léon, marchand de meubles, 2, place Stanislas, à Nancy (Meurthe-et-Moselle),

d'une part ;

et Monsieur Cornu François, employé de commerce, rue des Alliés, 14, à Bar-le-Duc,

d'autre part ;

il a été expliqué, convenu et arrêté ce qui suit :

M. Issartier vend, cède et transmet avec toutes garanties de fait et de droit, à M. Cornu qui accepte et déclare avoir plusieurs fois visité et parfaitement connaître le fonds de marchand de meubles que le vendeur possède et exploite à l'adresse ci-dessus, déclarant que le dit fonds n'est grevé d'aucun privilège ou nantissement.

Dans cette vente se trouvent compris : l'enseigne et le nom commercial « Au Palais du Mobilier », la clientèle et l'achalandage, la subrogation au bail des lieux tel que le vendeur le tient du propriétaire et aux mêmes prix, clauses et conditions, ainsi que tous les agencements, le mobilier commercial et le matériel servant actuellement à l'exploitation du fonds et dont inventaire dressé et signé des parties est annexé aux présentes.

Le prix est fixé, convenu, accepté à la somme de vingt-deux mille francs, savoir : quatorze mille francs pour l'enseigne et le nom commercial, la clientèle, l'achalandage, le droit au bail ; huit mille francs pour les agencements, le mobilier commercial et le matériel et sera payé comme suit :

1° Deux mille francs en espèces, à la signature des présentes, acompte et à valoir sur le prix du fond et à titre d'arrhes au cas de dédite. M. Issartier prenant engagement réciproque (article 1590 du C. C.).

2° Huit mille francs, le jour de la prise de possession ci-après fixée.

3° Douze mille francs, soit la différence, en douze paiements semestriels et consécutifs de mille francs le 30 juin et le 31 décembre de chaque année, à partir du 30 juin 1916 prochain. L'intérêt des 12.000 fr. pour lequels le crédit présentement stipulé de 6 années est consenti par M. Issartier à M. Cornu qui accepte, est fixé à 5 % l'un et sera ajouté, en décroissant à chaque semestre, sur chacun des billets souscrits par l'acquéreur à l'ordre de son vendeur.

Pour la sûreté et la garantie de M. Cornu, toutes les espèces et valeurs formant le montant du prix de la présente vente seront versées et resteront déposées jusqu'à la prise de possession et dans tous les cas pendant le délai de vingt jours qui suivra le deuxiè- avis (Loi du 17 mars 1909, art. 5 et suivants) aux mains de M. , rédacteur des actes, qui a mis les parties en présence en simple qualité d'intermédiaire, seul chargé de faire les publications, recevoir et régler les oppositions s'il y a lieu.

A cet effet les parties font élection de domicile au cabinet de M. et acceptent au cas de litige la juridiction du Tribunal de Commerce de Nancy.

Les marchandises en magasin, le jour de la prise de possession, seront cédées par M. Issartier à M. Cornu au prix de facture après inventaire et expertise s'il y a lieu et payées en trois parties égales aux échéances ci-après : 31 mars 1914, 30 septembre 1916 et 31 mars 1917, sans intérêts.

La prise de possession est fixée au 1er décembre 1915.

Ce même jour le vendeur devra justifier par la présentation des quittances, du paiement des termes échus du loyer, impôts, assurances, eaux, gaz, etc., afférents au fonds vendu, l'acquéreur, seul, jouira dès lors de tous ses bénéfices et en supportera toutes les charges.

Il paiera les frais d'actes et autres accessoires à la vente (art. 1593 du C. C.), les actes et publications comptant ce jour, les droits d'enregistrement dans le délai de 15 jours (Loi du 17 mars 1909, art. 11).

Privilège du Vendeur. Nantissement.

Pour la sûreté du vendeur et la garantie de sa créance de la somme de douze mille francs, M. Issartier se réserve expressément l'action résolutoire prévue à l'article 1654 du C. C., au cas de non paiement total ou partiel du prix de la vente et fera conformément à la loi inscrire son privilège de vendeur au greffe du Tribunal de Commerce de Nancy.

Pour plus de sûreté, M. Cornu remet ce jour en nantissement à M. Issartier qui accepte, le fonds de marchand de meubles, 2, place Stanislas, à Nancy, dont il vient de se rendre aquéreur, ensemble, l'enseigne et le nom commercial « Au Palais du Mobilier », sa clientèle, l'achalandage, le droit au bail, les agencements, le mobilier commercial et le matériel, promettant de n'en rien distraire et de ne jamais diminuer la valeur du gage, s'engageant à avoir en magasin des marchandises pour une valeur au moins égale à celles cédées avec le fonds.

Jusqu'à parfait paiement, M. Issartier aura et exercera les droits, actions, privilèges conférés par la loi, spécialement celle du 17 mars 1909, au créancier nanti pour se faire payer avant tous autres du montant intégral de sa créance, capital, intérêts et frais.

Au cas d'incendie total ou partiel des locaux où est exploité le dit fonds de commerce et ses dépendances, 2, place Stanislas, à Nancy, M. Cornu s'engage à faire cession à M. Issartier de l'indemnité qui lui sera allouée par la ou les Compagnies d'assurances et ce par privilège et jusqu'à concurrence de la somme qui lui aura été allouée, soit amiablement soit après expertise.

Original des présentes avec bordereau énumératif sera déposé dans la quinzaine de sa date au greffe du Tribunal de Commerce de Nancy.

Le vendeur s'interdit expressément de se rétablir ou s'intéresser directement ou indirectement dans un commerce de même genre dans un rayon de deux mille mètres à vol d'oiseau du fonds vendu, à peine d'indemnité. Cette interdiction cessera de plein droit le jour où M. Cornu aura revendu le fonds qui en fait présentement l'objet.

Fait et signé en autant d'originaux que de parties dont un pour être déposé au greffe du Tribunal de Commerce de Nancy.

Nancy, le quinze septembre mil neuf cent quinze.

Lu et approuvé, Lu et approuvé,

Signé : ISSARTIER. Signé : CORNU.

Enregistré à Nancy (1er canton).

F° 99, C. 110. Reçu cinq cent soixante-dix francs, décimes compris.

Nancy, le 29 septembre 1915.

Le Receveur.

Réquisition d'Etat d'Inscription.

M. Barrillot Léon, Banquier à Nancy, rue d'Alsace-Lorraine, 14, soussigné, requiert de M. le Greffier du Tribunal de Commerce de Nancy la délivrance d'un état des inscriptions légalement existantes prises en son greffe depuis cinq ans sur le fonds de commerce de marchand de meubles exploité sous l'enseigne « Au Palais du Mobilier », 2, place Stanislas, à Nancy, par M. Issartier Léon, ainsi que toutes autres mentions opérées en marges des dites inscriptions.

Nancy, le dix septembre mil neuf cent quinze.

Bordereau d'Inscription de Nantissement.

Inscription de nantissement est requise au greffe du Tribunal de Commerce de Nancy (Meurthe-et-Moselle) :

Au profit de M. Issartier Léon, ancien marchand de meubles, 2, place Stanislas, à Nancy, pour lequel domile est élu à sa nouvelle résidence, en la même ville, 14, rue de l'Evêché,

Contre M. Cornu François, marchand de meubles, 2, place Stanislas, à Nancy,

En vertu d'un acte sous-seing privé, en date du 15 septembre 1915, enregistré à Nancy (1er canton). Fo 59, C. 110, comprenant :

1o Obligation pour solde du prix de la vente à M. Cornu par M. Issartier de son fonds de commerce de marchand de meubles, sous l'enseigne « Au Palais du Mobilier », situé 2, place Stanislas, à Nancy, soit la somme de douze mille francs, exigible en douze paiements de mille francs chacun, compris les intérêts au taux de 5 % aux échéances du 30 juin et du 31 décembre de chaque année à partir du 30 juin 1916.

2o Remise en gage à titre de nantissement du dit

fonds de commerce ci-après-désigné, pour sûreté du remboursement en principal et intérêts du dit solde de prix de vente et de tous frais et accessoires.

Avec convention expresse que M. Cornu s'engage à avoir toujours en magasin des marchandises pour une valeur au moins égale à celles qui lui ont été cédées avec le fonds suivant inventaire dressé à la prise de possession le 1er décembre 1915, s'élevant à la somme de dix-sept mille francs.

Pour sûreté :

1° De la somme de douze mille francs montant en principal de la somme restant due à M. Issartier par M. Cornu sur le prix de son fonds de commerce, ci .... 12.000 fr.

2° De la somme de dix-sept mille francs montant des marchandises cédées avec le fonds après inventaire et pour lequel trois échéances ont été stipulées dans l'acte, ci .... 17.000 fr.

3° Des intérêts dont la loi conserve le rang .... Mémoire

4° Des frais de mise à exécution, s'il y a lieu, évalués approximativement à la somme de..................... 1.000 fr.

Total, sauf mémoire 30.000 fr.

sur un fonds de commerce de marchand de meubles appartenant à M. Cornu François, et qu'il exploite, 2, place Stanislas, à Nancy, comprenant l'enseigne et le nom commercial, la clientèle, l'achalandage, le droit au bail, les agencements, le mobilier commercial et le matériel.

Bordereau d'Inscription de Privilège.

Inscription de privilège de vendeur avec réserve expresse de l'action résolutoire est requise au greffe du Tribunal de Commerce de Lyon (Rhône):

Au profit de Mme Marie-Jeanne Vignon, maîtresse d'hôtel, demeurant 126, rue Paul-Chenavard, veuve de M. Jules Chastang, pour lequel domicile est élu à l'adresse ci-dessus, à Lyon (Rhône),

Contre M. Pierre-Paul Grangier et Mme Loisy Henriette, son épouse, demeurant ensemble, 4, place de la Mairie, Lyon-Vaise, débiteurs solidaires,

En vertu d'un acte sous-seing privé, en date du quatre septembre mil neuf cent treize, dont l'un des originaux porte la mention enregistré à Lyon, le dix-huit septembre, F° 197, Case 61, aux termes duquel Mme Vve Chastang a vendu à M. et Mme Grangier susnommés le fonds de commerce d'Hôtel-Restaurant connu sous le nom d' « Hôtel du Lion d'Or » qu'elle exploitait à Lyon-Vaise, 4, place de la Mairie, moyennant le prix principal de vingt-cinq mille francs, savoir :

1° Pour le fonds proprement dit comprenant l'enseigne et le nom commercial, la clientèle, l'achalandage, le droit au bail	12.000 fr.
2° Pour les agencements, le mobilier commercial et le matériel...........	8.000 fr.
3° Pour les marchandises	5.000 fr.
Soit au total le prix de vingt-cinq mille francs........................	25.000 fr.

Sur lequel prix et en déduction du prix des marchandises, il a été payé comptant la somme de quatre mille francs, les vingt-et-un mille francs de surplus étant stipulés payables dans un délai de cinq années et productifs jusqu'à leur entier paiement d'intérêts au taux de cinq pour cent par an à compter du premier novembre mil neuf cent treize, payable le trente avril de chaque année et pour la première fois le trente avril mil neuf cent quatorze.

Avec convention expresse que :

(Copier les clauses et conditions de l'acte relatives aux intérêts et à l'exigibilité et celles qui constituent des charges susceptibles d'évaluation).

Pour sûreté :

1° De la somme de vingt-et-un mille francs, ci........................	21.000 fr.
formant le solde du prix de la vente, exigible et productif d'intérêts comme il est dit ci-dessus.	
2° Des intérêts dont la loi conserve le rang.............................	Mémoire
3° Des charges de la vente, évaluées approximativement à cinq cents fr.	500 fr.
4° Et des frais de mises à exécution s'il y a lieu et autres accessoires évalués approximativement à la somme de cinq cents francs........	500 fr.
Total, sauf mémoire, vingt-deux mille francs................................	22.000 fr.

sur un fonds de commerce Hôtel et Restaurant connu sous le nom d'« Hôtel du Lion d'Or », exploité à Lyon-Vaise (Rhône), 4, place de la Mairie, et comprenant l'enseigne et le nom commercial, la clientèle, l'achalandage y attachés, les agencements, le mobilier commercial, les ustensiles et le matériel servant à son exploitation, les marchandises le garnissant et le droit au bail des locaux où il s'exploite.

ENREGISTREMENT

L'enregistrement est la formalité légale qui donne date certaine aux actes qui lui sont soumis, obligeant celui qui y a recours au paiement d'un droit fixe ou proportionnel (quelquefois les deux ensemble suivant leur caractère et leur nature).

Tous actes sous-seing privé, soumis à la Justice ou présentés aux administrations sont astreints à cette formalité à peine d'amende.

L'enregistrement est constaté sur l'acte même et sur les doubles originaux ou expéditions qui l'accompagnent par la mention :

> Enregistré à Folio Case
> le (Jour mois année)
> Reçu (la somme fr. et c. en lettres)
> *Signature du Receveur.*

Je choisis dans le très grand nombre d'actes auxquels s'appliquent des tarifs variés, les plus courants, susceptibles d'intéresser les intermédiaires en donnant l'indication du prix à payer, y compris les décimes, c'est-à-dire la surtaxe appliquée au droit principal :

Propriétés. immeubles (vente, échange, etc.), 7 °/₀ du prix énoncé.

Fonds de Commerce :

Sur le fonds mobilier et matériel, 2.50 °/₀ du prix énoncé.

Sur les marchandises, si elles sont détaillées dans l'acte, 0.625 °/₀ du prix énoncé.

Droit au bail (subrogation) sur la durée du bail, 0.25 °/₀ du prix énoncé.

Sociétés, sur le Capital, 0.25 °/₀ du prix énoncé.

Le délai pour faire enregistrer les ventes de fonds de commerce est de 3 mois de sa date.

Mais ce délai n'est que de 15 jours si un privilège de vendeur ou nantissement est stipulé dans l'acte, le dépôt d'un original au greffe devant, d'après la loi du 17 mars 1909, être fait dans la quinzaine.

Je donne à mes lecteurs le conseil de ne pas user des délais pour faire enregistrer les actes, quels qu'ils soient, soumis à cette formalité.

Je leur donne de même le conseil de ne jamais, dans un but d'économie, dissimuler dans les actes tout ou partie du comptant versé.

Pour un profit parfois bien mince réalisé au détriment de l'Etat, acheteurs et vendeurs s'exposent à de bien gros inconvénients.

Dans tous les cas, comme cette pratique que je blâme est d'usage assez courant l'Intermédiaire qui suivra mes conseils ne devra jamais laisser indiquer chez lui le domicile élu dans les nouveaux actes où le comptant versé par exemple est dissimulé pour éviter le paiement des droits et en laisser toute la responsabilité à leurs auteurs.

LÉGISLATION

relative à la Vente et au Nantissement des Fonds de Commerce.

De toutes les transactions où l'Intermédiaire peut jouer un rôle important et trouver en le remplissant avec intelligence et activité une juste rémunération de ses services, la *Vente des Fonds de Commerce* est certainement une des plus importantes, aussi l'État a-t-il créé pour régir ces opérations une législation spéciale, c'est la loi du 17/19 mars 1909 complétée par celle du 1er avril de la même année, véritable charte régissant la vente des fonds de commerce que tout intermédiaire doit connaître et que pour cette raison j'ai reproduit intégralement dans les pages qui vont suivre.

Comme le texte en est assez long et que tous les articles n'ont pas une utilité pratique immédiate, j'ai reproduit en caractères italiques les parties les plus essentielles que tout intermédiaire en fonds de commerce doit pouvoir placer sous les yeux de ses clients.

LOI du 19 Mars 1909 relative à la vente et au nantissement des Fonds de Commerce.

CHAPITRE PREMIER

De la Vente des Fonds de Commerce.

Article premier. — *Le privilège du vendeur* (1) *d'un fonds de commerce n'a lieu que si la vente a été consentie par acte authentique ou sous-seing privé dûment enregistré et que s'il a été inscrit sur un registre public tenu au greffe du Tribunal de Commerce dans le ressort duquel le fonds est exploité.*

Il ne porte que sur les éléments du fonds énumérés dans la vente et dans l'inscription et à défaut de désignation précise sur l'enseigne et le nom commercial le droit au bail, la clientèle et l'achalandage.

Des prix distincts sont établis pour les éléments incorporels du fonds, le matériel et les marchandises.

Le privilège du vendeur qui garantit chacun de ces prix ou ce qui en reste dû, s'exerce distinctement sur les prix respectifs de la revente afférents aux marchandises, au matériel et aux éléments incorporels du fonds.

Nonobstant toute convention contraire, les paiements partiels, autres que les paiements comptant, s'imputent d'abord sur le prix des marchandises, ensuite sur le prix du matériel.

(1) C. C. art. 1654 : Si l'acheteur ne paie pas le prix, le vendeur peut demander la résolution de la vente.

Il y a lieu à ventilation du prix de revente mis en distribution s'il s'applique à un ou plusieurs éléments non compris dans la première vente.

Art. 2. — *L'inscription doit être prise à peine de nullité dans la quinzaine de la date de l'acte de vente.* Elle prime toute inscription prise dans le même délai du chef de l'acquéreur; elle est opposable à la faillite et à la liquidation judiciaire de l'acquéreur, ainsi qu'à sa succession bénéficiaire.

L'action résolutoire établie par l'art. 1654 du Code civil doit pour produire effet être mentionnée et réservée expressément dans l'inscription. Elle ne peut être exercée au préjudice des tiers, après l'extinction du privilège. Elle est limitée comme le privilège aux seuls éléments qui ont fait partie de la vente.

En cas de résolution judiciaire ou amiable de la vente, le vendeur est tenu de reprendre tous les éléments du fonds qui ont fait partie de la vente, même ceux pour lesquels son privilège et l'action résolutoire sont éteints; il est comptable du prix des marchandises et du matériel existant au moment de sa reprise de possession, d'après l'estimation qui en sera faite par expertise contradictoire, amiable ou judiciaire, sous la déduction de ce qui pourra lui rester dû par privilège sur les prix respectifs des marchandises et du matériel, le surplus, s'il y en a, devant rester le gage des créanciers inscrits et à défaut des créanciers chirographaires.

Le vendeur qui exerce l'action résolutoire doit la notifier aux créanciers inscrits sur le fonds au domicile par eux élu dans leurs inscriptions. Le jugement ne peut intervenir qu'après un mois écoulé depuis la notification.

Le vendeur qui a stipulé lors de la vente que faute de paiement dans le terme convenu, la vente serait résolue de plein droit, ou qui en a obtenu de l'acquéreur la résolution à l'amiable, doit notifier aux créanciers inscrits aux domiciles élus la résolution encourue ou consentie qui ne deviendra définitive qu'un mois après la notification ainsi faite.

Lorsque la vente d'un fonds est poursuivie aux enchères publiques, soit à la requête d'un syndic de faillite, de tous liquidateurs ou administrateurs judiciaires, soit judiciairement à la requête de tout autre ayant droit, le poursuivant doit la notifier aux précédents vendeurs, aux domiciles élus dans leurs inscriptions, avec déclaration que, faute par eux d'intenter l'action résolutoire dans le mois de la notification, ils seront déchus à l'égard de l'adjudicataire du droit de l'exercer.

L'art. 550 du Code de commerce n'est applicable ni au privilège ni à l'action résolutoire du vendeur d'un fonds de commerce.

Art. 3. — *Toute vente ou cession de fonds de commerce* consentie même sous condition ou sous la forme d'un autre contrat, ainsi que toute mise en société ou toute attribution d'un fonds de commerce par partage ou licitation *sera, dans la quinzaine de sa date, publiée à la diligence de l'acquéreur, sous forme d'extrait ou d'avis, dans un journal d'annonces légales* du ressort du tribunal de Commerce où se trouve le fonds, ou à défaut dans un journal d'annonces légales de l'arrondissement.

L'extrait ou avis contiendra la date de l'acte, les noms, prénoms et domiciles de l'ancien et du nouveau propriétaire, la nature et le siège du fonds, l'indication du délai ci-après fixé pour les oppositions et une élection de domicile dans le ressort du Tribunal.

La publication sera renouvelée du huitième au quinzième jour après la première insertion.

Dans les dix jours au plus tard après la seconde insertion, tout créancier du précédent propriétaire, que sa créance soit ou non exigible, pourra former au domicile élu, par simple acte extra-judiciaire, opposition au paiement du prix ; l'opposition énoncera le chiffre et les causes de la créance à peine de nullité. Aucun transport amiable ou judiciaire du prix ou de partie du prix ne sera opposable aux créanciers qui se seront ainsi fait connaître dans ce délai.

L'acquéreur qui sans avoir fait les publications, ou avant l'expiration du délai de dix jours, aura payé son vendeur, ne sera pas libéré à l'égard des tiers.

Art. 4. — Si la vente ou cession d'un fonds de commerce comprend des succursales situées dans la France continentale, en Algérie ou dans les Colonies, l'inscription et la publication prescrites par les articles 2 et 3 doivent être faites également dans chacun des ressorts où ces succursales ont leur siège. Le délai qui est de quinzaine dans la France continentale est d'un mois en Corse et en Algérie, de trois mois dans les Colonies.

La publication comprendra élection de domicile dans le ressort du Tribunal de la situation de l'établissement principal et dans le ressort où se trouve la succursale si celle-ci forme l'objet unique de la cession.

Art. 5.— *Pendant les vingt jours qui suivent la seconde insertion, une expédition ou l'un des originaux de l'acte de vente est tenu au domicile élu, à la disposition de tout créancier opposant ou inscrit pour être consulté sans déplacement.*

Pendant le même délai tout créancier inscrit ou qui a formé opposition dans le délai de dix jours fixé par l'article précédent peut prendre au domicile élu communication de l'acte de vente et des oppositions, et si le prix ne suffit pas à désintéresser les créanciers inscrits et ceux qui se sont révélés par des oppositions au plus tard dans les dix jours qui suivent la seconde insertion, former en se conformant aux prescriptions de l'art. 23 ci-après, une surenchère du sixième du prix principal du fonds de commerce non compris le matériel et les marchandises.

La surenchère du sixième n'est pas admise après la vente judiciaire d'un fonds de commerce ou la vente poursuivie à la requête d'un syndic de faillite, de liquidateurs ou d'administrateurs judiciaires, ou de copropriétaires indivis du fonds, faite aux enchères publiques et conformément à l'art. 17 de la présente loi.

L'officier public commis pour procéder à la vente devra n'admettre à enchérir que des personnes dont la solvabilité lui sera connue ou qui auront déposé, soit entre ses mains, soit à la Caisse des dépôts et consignations, avec affectation spéciale au paiement du prix, une somme qui ne pourra être inférieure à la moitié du prix total de la première vente, ni la portion du prix de la dite vente stipulée payable comptant, augmentée de la surenchère.

L'adjudication sur surenchère du sixième aura lieu aux mêmes conditions et délais que la vente sur laquelle la surenchère est intervenue.

Si l'acquéreur surenchéri est dépossédé par suite de la surenchère, il devra sous sa responsabilité remettre les oppositions formées entre ses mains à l'adjudicataire, sur récépissé, dans la huitaine de l'adjudication, s'il ne les a pas fait connaître antérieurement par mention insérée dans le Cahier des Charges; l'effet de ces oppositions sera reporté sur le prix de l'adjudication.

Art. 6. — Lorsque le prix de la vente est définitivement fixé, qu'il y ait eu ou non surenchère, l'acquéreur à défaut d'entente entre les créanciers pour la distribution amiable de son prix, est tenu sur la sommation de tout créancier, et dans la quinzaine suivante, de consigner la portion exigible du prix et le surplus, au fur et à mesure de l'exigibilité, à la charge de toutes les oppositions faites entre ses mains, ainsi que des inscriptions grevant le fonds et des cessions qui lui ont été notifiées.

Art. 7. — Dans la quinzaine de la publication de l'acte de Société, contenant apport d'un fonds de commerce, tout créancier non inscrit de l'associé qui a fait l'apport, fera connaître au greffe du Tribunal de commerce où le dépôt de l'acte a eu lieu, sa qualité de créancier et la somme qui lui est due. Il lui sera délivré par le greffier un récépissé de sa déclaration.

Si le fonds est apporté dans une Société déjà formée, les créanciers non inscrits de l'associé auquel le fonds appartenait, feront la déclaration au greffe du tribunal de commerce de la situation du fonds dans la quinzaine de la publication de l'acte contenant l'apport effectué en conformité de l'art. 3 ci-dessus.

A défaut par les co-associés ou l'un d'eux de former dans la quinzaine suivante une demande en annulation de la Société ou de l'apport, ou si l'annulation n'en est pas prononcée, la Société est tenue solidairement avec le débiteur principal au paiement du passif déclaré dans le délai ci-dessus et justifié.

CHAPITRE II

Du Nantissement des Fonds de Commerce.

Art. 8. — Les fonds de commerce peuvent faire l'objet de nantissements sans autres conditions et formalités que celles prescrites par la présente loi.

Le nantissement d'un fonds de commerce ne donne pas au créancier gagiste le droit de se faire attribuer le fonds en paiement et jusqu'à due concurrence.

Art. 9. — Sont seuls susceptibles d'être compris dans le nantissement soumis aux dispositions de la présente loi comme faisant partie d'un fonds de commerce : l'enseigne et le nom commercial, le droit au bail, la clientèle et l'achalandage, le mobilier commercial, le matériel ou l'outillage servant à l'exploitation du fonds, les brevets d'invention, les licences, les marques de fabrique et de commerce, les dessins et modèles industriels et généralement les droits de propriété industrielle, littéraire ou artistique qui y sont attachés.

Le certificat d'addition postérieur au nantissement qui comprend le brevet auquel il s'applique, suivra le sort de ce brevet et fera partie du gage constitué.

A défaut de désignation expresse et précise dans l'acte qui le constitue, le nantissement ne comprend que l'enseigne et le nom commercial, le droit au bail, la clientèle et l'achalandage.

Si le nantissement porte sur un fonds de commerce et ses succursales, celles-ci doivent être désignées par l'indication précise de leur siège.

Art. 10. — *Le contrat de nantissement est constaté par un acte authentique ou par un acte sous-seing privé dûment enregistré.*

Le privilège résultant du contrat de nantissement s'établit par le seul fait de l'inscription sur un registre public tenu au greffe du Tribunal de Commerce dans le ressort duquel le fonds est exploité.

La même formalité devra être remplie au greffe du Tribunal de Commerce dans le ressort duquel est située chacune des succursales du fonds compris dans le nantissement.

Art. 11. — *L'inscription doit être prise à peine de nullité du nantissement dans la quinzaine de la date de l'acte constitutif.*

En cas de faillite ou de liquidation judiciaire les art. 446, 447, 448 § 1 du Code de Commerce sont applicables au nantissement des fonds de commerce.

Art. 12. — Le rang des créanciers gagistes entre eux est déterminé par la date de leurs inscriptions. Les créanciers qui sont inscrits le même jour viennent en concurrence.

CHAPITRE III

Dispositions communes à la Vente et au Nantissement des Fonds de Commerce.

SECTION I

De la réalisation du gage et de la purge des Créanciers inscrits.

Art. 13. — En cas de déplacement du fonds de commerce, des créances inscrites deviendront de plein droit exigibles, si le propriétaire du fonds n'a pas fait connaître aux créanciers inscrits, quinze jours au moins d'avance, son intention de déplacer le fonds et le nouveau siège qu'il entend lui donner.

Dans la quinzaine de l'avis à eux notifié ou dans la quinzaine du jour où ils auront eu connaissance du déplacement, le vendeur ou le créancier gagiste doivent faire mentionner en marge de l'inscription existante, le nouveau siège du fonds, et si le fonds a été transféré dans un autre ressort, faire reporter à sa date l'inscription primitive avec l'indication du nouveau siège, sur le registre du tribunal de ce ressort.

Le déplacement du fonds de commerce, sans le consentement du vendeur ou des créanciers gagistes, peut, s'il en résulte une dépréciation du fonds, rendre leurs créances exigibles.

L'inscription d'un nantissement peut également rendre exigibles les créances antérieures ayant pour cause l'exploitation du fonds.

Les demandes en déchéance du terme formées en vertu des deux § précédents, devant le tribunal de commerce, sont soumises aux règles de procédure édictées par le § 8 de l'article 15 ci-après.

Art. 14. — Le propriétaire qui poursuit la résiliation du bail de l'immeuble dans lequel s'exploite un fonds de commerce grevé d'inscriptions, doit notifier sa demande aux créanciers antérieurement inscrits au domicile élu par eux dans leurs inscriptions. Le jugement ne peut intervenir qu'après un mois écoulé depuis la notification.

La résiliation amiable du bail ne devient définitive qu'un mois après la notification qui en a été faite aux créanciers inscrits aux domiciles élus.

Art. 15. — Tout créancier qui exerce des poursuites de saisie exécution, et le débiteur contre lequel elles sont exercées, peuvent demander devant le tribunal de commerce du ressort dans lequel s'exploite le fonds, la vente du fonds de commerce du saisi, avec le matériel et les marchandises qui en dépendent.

Sur la demande du créancier poursuivant, le tribunal de commerce ordonne qu'à défaut de paiement dans le délai imparti au débiteur, la vente du fonds aura lieu à la requête du dit créancier, après l'accomplissement des formalités prescrites par l'art. 17 ci-après, et il ordonne que faute par le débiteur d'avoir fait procéder à la vente dans le dit délai, les poursuites de saisie exécution seront reprises et continuées sur les derniers errements.

Il nomme s'il y a lieu un administrateur provisoire du fonds, fixe les mises à prix, détermine les conditions principales de la vente, commet pour y procéder l'officier public qui dresse le Cahier des charges.

La publicité extraordinaire, lorsqu'elle est utile, est réglée par le jugement, ou à défaut, par ordonnance du Président du tribunal de commerce rendue sur requête.

Il peut, par décision rendue, autoriser le poursuivant, s'il n'y a pas d'autre créancier inscrit ou opposant et sans prélèvement des frais privilégiés au profit de qui de droit, à toucher le prix directement et sur simple quittance, soit de l'adjudicataire, soit de l'officier public vendeur selon les cas, en déduction ou jusqu'à concurrence de sa créance en principal, intérêts et frais.

Le tribunal de commerce statue dans la quinzaine de la première audience, par jugement non susceptible d'opposition, exécutoire sur minute. L'appel du jugement est suspensif; il est formé dans la quinzaine de sa signification à partie et jugé sommairement par la Cour dans le mois; l'arrêt est exécutoire sur minute.

Art. 16. — Le vendeur et le créancier gagiste inscrits sur un fonds de commerce, peuvent également même en vertu de titres sous-seing privé faire ordonner la vente du fonds qui constitue leur gage, huit jours après sommation de payer faite au débiteur et au tiers débiteur, s'il y a lieu, demeurée infructueuse.

La demande est portée devant le tribunal de commerce dans le ressort duquel s'exploite le dit fonds, lequel statue comme il est dit aux § 5, 6, 7 et 8 de l'article précédent.

Art. 17. — Le poursuivant fait sommation au propriétaire du fonds et aux créanciers inscrits antérieurement à la décision qui a ordonné la vente au domicile élu par eux dans leurs inscriptions, quinze jours au moins avant la vente, de prendre communication du cahier des charges, de fournir leurs dires et observations et d'assister à l'adjudication si bon leur semble.

La vente a lieu dix jours au moins après l'apposition d'affiches indiquant : les noms, professions, domiciles du poursuivant et du propriétaire du fonds, la décision en vertu de laquelle on agit, une élection de domicile dans le lieu où siège le tribunal de commerce dans le ressort duquel s'exploite le fonds, les divers éléments constitutifs du dit fonds, la nature de ses opérations, sa situation, les mises à prix, les lieux, jour et heure de l'adjudication, les nom et domicile de l'officier public commis et dépositaire du cahier des charges.

Ces affiches sont obligatoirement apposées, à la diligence de l'officier public, à la porte principale de l'immeuble et de la mairie de la commune où le fonds est situé, du tribunal de commerce dans le ressort duquel se trouve le fonds et de l'officier public commis.

L'affiche sera insérée dix jours aussi avant la vente dans un journal d'annonces légales du tribunal de commerce et à défaut du tribunal d'arrondissement où le fonds est situé.

La publicité sera constatée par une mention faite dans le procès-verbal de vente.

Il sera statué s'il y a lieu sur les moyens de nullité de la procédure de vente antérieure à l'adjudication et sur les dépens par le Président du tribunal civil de l'arrondissement où s'exploite le fonds; ces moyens devront être opposés à peine de déchéance, huit jours au moins avant l'adjudication. Le § 8 art. 15 est applicable à l'ordonnance rendue par le président.

Art. 18. — Le tribunal de commerce saisi de la demande en paiement d'une créance se rattachant à l'exploitation d'un fonds de commerce peut, s'il prononce une condamnation et si le créancier le requiert, ordonner par le même jugement la vente du fonds. Il statue dans les termes des § 5 et 6 de l'art. 15 ci-dessus et fixe le délai après lequel, à défaut de paiement, la vente pourra être poursuivie.

Les dispositions de l'art. 15 § 8 et de l'article 17 sont applicables à la vente ordonnée par le tribunal de commerce.

Art. 19. — Faute par l'adjudicataire d'exécuter les clauses de l'adjudication, le fonds sera vendu à la folle enchère, selon les formes prescrites par l'art. 17 ci-dessus.

Le fol enchérisseur est tenu envers les créanciers du vendeur et le vendeur lui-même de la différence entre son prix et celui de la revente sur folle enchère, sans pouvoir réclamer l'excédent, s'il y en a.

Art. 20. — Il sera procédé à la vente séparée d'un ou plusieurs éléments d'un fonds de commerce grevé d'inscriptions, poursuivie soit sur saisie exécution, soit en vertu de la présente loi que dix jours au plus tôt après la notification de la poursuite aux créanciers qui se seront inscrits quinze jours au moins avant la dite notification, au domicile élu par eux dans leurs inscriptions. Pendant ce délai de dix jours tout créancier inscrit, que sa créance soit ou non échue, pourra assigner les intéressés devant le tribunal de commerce dans le ressort duquel s'exploite le fonds, pour demander qu'il soit procédé à la vente de tous les éléments du fonds à la requête du poursuivant ou à sa propre requête dans les termes et conformément aux dispositions des articles 15, 16 et 17 ci-dessus.

Le matériel et les marchandises seront vendues en même temps que le fonds sur des mises à prix distinctes, ou moyennant des prix distincts si le cahier des charges oblige l'adjudicataire à les prendre à dire d'experts.

Il y aura lieu à ventilation du prix pour les éléments du fonds non grevés des privilèges inscrits.

Art. 21. — Aucune surenchère n'est admise lorsque la vente a lieu dans les formes prescrites par les articles 5, 15, 16, 17, 18, 20 et 23 de la présente loi.

Art. 22. — *Les privilèges du vendeur et du créancier gagiste suivent le fonds en quelques mains qu'il passe.*

Lorsque la vente du fonds n'a pas eu lieu aux enchères publiques en vertu et conformité des articles 5, 15, 16, 17, 18, 20 et 23 de la présente loi, l'acquéreur qui veut se garantir des poursuites des créanciers inscrits est tenu à peine de déchéance, avant la poursuite où dans la quinzaine de la sommation de payer à lui faite, de notifier à tous les créanciers inscrits au domicile élu par eux dans leurs inscriptions :

1o Les nom, prénoms et domicile du vendeur, la

désignation précise du fonds, le prix, non compris le matériel et les marchandises ou l'évaluation du fonds en cas de transmission à titre gratuit, par voie d'échange ou de reprise, sans fixation de prix en vertu de convention de mariage, les charges, les frais et loyaux coûts exposés par l'acquéreur.

2° Un tableau sur trois colonnes comprenant : la première, la date des ventes ou nantissements antérieurs et des inscriptions prises ; la seconde, les noms et domiciles des créanciers inscrits ; la troisième, le montant des créances inscrites, avec déclaration qu'il est prêt à acquitter sur le champ les dettes inscrites jusqu'à concurrence de son prix, sans distinction des dettes exigibles ou non exigibles. La notification contiendra élection de domicile dans le ressort du tribunal de commerce de la situation du fonds.

Dans le cas où le titre du nouveau propriétaire comprendrait divers éléments d'un fonds, les uns grevés d'inscriptions, les autres non grevés, situés ou non dans le même ressort, aliénés pour un seul et même prix, ou pour des prix distincts, le prix de chaque élément sera déclaré dans la notification par ventilation, s'il y a lieu, du prix total exprimé dans le titre.

Art. 23. — Tout créancier inscrit sur un fonds de commerce peut, lorsque l'art. 21 n'est pas applicable, requérir sa mise aux enchères publiques en offrant de porter le prix principal non compris le matériel et les marchandises à un dixième en sus.

SECTION II

Formalités de l'Inscription. Obligations du Greffier.

Art. 24. — *Le vendeur ou le créancier gagiste, pour inscrire leur privilège, représentent, soit eux-mêmes, soit par un tiers, au greffe du Tribunal de Commerce, l'un des originaux de l'acte de vente ou du titre constitutif de nantissement, s'il est sous-seing privé, ou une expédition s'il existe en minute. L'acte de vente ou de nantissement est déposé au greffe.*

Il y est joint deux bordereaux écrits sur papier libre, l'un d'eux peut être porté sur l'original ou sur l'expédition du titre; ils contiennent :

1o Les noms, prénoms et domiciles du vendeur et de l'acquéreur ou du créancier ou du débiteur, ainsi que du propriétaire du fonds si c'est un tiers, leur profession s'ils en ont une.

2o La date et la nature du titre.

3o Les prix de la vente établis distinctement pour le matériel, les marchandises et les éléments incorporels du fonds, ainsi que les charges évaluées, s'il y a lieu, ou le montant de la créance exprimée dans le titre, les conditions relatives aux intérêts et à l'exigibilité.

4° La désignation du fonds de commerce et de ses succursales s'il y a lieu, avec l'indication précise des éléments qui les constituent et sont compris dans la vente ou le nantissement, la nature de leurs opérations et leur siège, sans préjudice de tous autres renseignements propres à les faire connaître; si la vente ou le nantissement s'étend à d'autres éléments du fonds de commerce que l'enseigne, le nom commercial, le droit au bail et la clientèle, ces éléments doivent être nommément désignés.

5° Election de domicile par le vendeur ou le créancier gagiste dans le ressort du tribunal de la situation du fonds.

Les ventes ou cessions de fonds de commerce comprenant des marques de fabrique ou de commerce, des dessins ou modèles industriels, ainsi que les nantissements de fonds qui comprennent des brevets d'invention ou licences, des marques ou des dessins et modèles, doivent en outre être inscrits à l'Office National de la propriété industrielle sur la production du certificat d'inscription délivré par le greffier du tribunal de commerce, dans la quinzaine qui suivra cette inscription à peine de nullité à l'égard des tiers, des ventes, cessions ou nantissements en ce qu'ils s'appliquent aux brevets d'invention et aux licences, aux marques de fabrique et de commerce, aux dessins et modèles industriels.

Les brevets d'invention compris dans la cession d'un fonds de commerce restent soumis pour leur transmission aux règles édictées par la section IV du titre II de la loi du 5 juillet 1844.

Art. 25. — *Le greffier transcrit sur son registre le contenu des bordereaux et remet au requérant tant l'expédition du titre que l'un des bordereaux au pied duquel il certifie avoir fait l'inscription.*

Art. 26. — Il mentionne en marge des inscriptions, les antériorités, les subrogations et radiations totales ou partielles dont il lui est justifié. Les antériorités et les subrogations pourront résulter d'actes sous-seing privé dûment enregistrés.

Art. 27. — Si le titre d'où résulte le privilège inscrit est à ordre, la négociation par voie d'endossement emporte la translation du privilège.

Art. 28. — L'inscription conserve le privilège pendant cinq années à compter du jour de sa date; son effet cesse si elle n'a pas été renouvelée avant l'expiration de ce délai.

Elle garantit au même rang que le principal deux années d'intérêts.

Art. 29. — Les inscriptions sont rayées, soit du consentement des parties intéressées et ayant capacité à cet effet, soit en vertu d'un jugement passé en force de chose jugée.

A défaut de jugement, la radiation totale ou partielle ne peut être opérée par le greffier que sur le dépôt d'un acte authentique de consentement à la radiation donné par le créancier ou son cessionnaire régulièrement subrogé et justifiant de ses droits.

La radiation totale ou partielle de l'inscription prise à l'Office National sera opérée sur la production du certificat de radiation délivré par le greffier du tribunal de commerce.

Art. 30. — Lorsque la radiation non consentie par le créancier est demandée par voie d'action principale, cette action est portée devant le tribunal de commerce du lieu où l'inscription a été prise.

Si l'action a pour objet la radiation d'inscriptions prise dans des ressorts différents sur un fonds et ses succursales, elle sera portée pour le tout devant le tribunal de commerce dans le ressort duquel se trouve l'établissement principal.

Art. 31. — La radiation est opérée au moyen d'une mention faite par le greffier en marge de l'inscription. Il en est délivré certificat aux parties qui le demandent.

Art. 32. — *Les greffiers des tribunaux de commerce sont tenus de délivrer à tous ceux qui le requèrent, soit l'état des inscriptions existantes, avec les mentions d'antériorité, de radiations partielles et de subrogations partielles ou totales, soit un certificat qu'il n'en existe aucune ou simplement que le fonds est grevé.*

Un état des inscriptions ou mentions effectuées

à l'Office National devra de même être délivré à toute réquisition.

L'officier public commis pour procéder à la vente d'un fonds de commerce pourra, s'il le juge utile, se faire délivrer par le greffier, copie des actes de vente sous seing privé déposés au greffe et concernant le dit fonds. Il pourra également se faire délivrer expédition des actes authentiques de vente concernant le fonds.

Art. 33. — Dans aucun cas les greffiers ne peuvent refuser ni retarder les inscriptions, ni la délivrance des états où certificats requis.

Ils sont responsables de l'omission sur leurs registres des inscriptions requises en leur greffe et du défaut de mention dans leurs états ou certificats d'une ou plusieurs inscriptions existantes, à moins dans ce dernier cas que l'erreur ne provienne de désignations insuffisantes qui ne pourraient leur être imputées.

Art. 34. — Le droit d'inscription de la créance du vendeur ou du créancier gagiste est fixé à cinq centimes par cent francs (0,05 par 100 fr.) sans addition d'aucun décime. Il sera perçu lors de l'enregistrement de l'acte de vente sur le prix ou la portion du prix non payé et lors de l'enregistrement du contrat de nantissement sur le capital de la créance.

Le droit d'inscription dû pour les inscriptions prises soit en renouvellement, soit en vertu de la disposition transitoire ci-après, sera perçu par l'administration de l'enregistrement sur la présentation des bordereaux avant leur dépôt au greffe du tribunal de commerce.

Sont affranchis du droit de timbre : le registre des inscriptions tenu par le greffier en exécution de l'art. 25, les bordereaux d'inscriptions, les reconnaissances de dépôt, les états, certificats, extraits et copies dressés en exécution de la présente loi, ainsi que les pièces produites pour obtenir l'accomplissement d'une formalité et qui restent déposées au greffe, et les copies qui en seront délivrées en exécution de l'art. 32 § 3, à la condition que ces pièces mentionnent expressément leur destination.

Les bordereaux d'inscription, ainsi que les états ou certificats et copies d'actes de vente sous-seing privé, délivrés par les greffiers, sont exempts de la formalité de l'enregistrement.

Art. 35. — Le droit d'enregistrement auquel sont assujettis les actes de consentement à mainlevées totales ou partielles d'inscriptions est fixé à 2 centimes et demi par cent francs (0,025 %) du montant des sommes faisant l'objet de la mainlevée, sans addition d'aucun décime et la formalité de la radiation au greffe du tribunal de commerce ne donnera lieu à aucun droit.

S'il y a seulement réduction de l'inscription, il ne sera perçu qu'un droit de deux francs (2 fr.) par chaque acte sans que ce droit puisse excéder toutefois le droit proportionnel qui serait exigible sur la mainlevée totale.

Art. 36. — Le paragraphe ajouté à l'art. 2075 du Code civil par la loi du 1er mars 1898 est abrogé.

Art. 37. — La présente loi ne sera exécutoire, sauf ce qui est dit aux § 1 et 2 de la disposition transitoire que six mois après sa promulgation et dans ce délai un règlement d'administration déterminera toutes les mesures d'exécution de la loi, notamment les émoluments à allouer aux greffiers des tribunaux de commerce, les conditions dans lesquelles seront effectuées à l'Office National de la propriété industrielle les inscriptions, radiations et délivrances d'états ou certificats négatifs concernant les ventes, cessions ou nantissements des fonds de commerce qui comprennent des brevets d'invention ou licences, des marques de fabrique et de commerce, dessins et modèles industriels.

Le règlement d'administration publique déterminera en outre les droits à percevoir par le Conservatoire des Arts et Métiers, pour le service de l'Office National, sur les inscriptions et mentions d'antériorité de subrogation et de radiation, les états d'inscriptions ou certificats qu'il n'en existe aucune.

Art. 38. — Un règlement d'administration publique déterminera les conditions d'application de la présente loi à l'Algérie et aux Colonies.

FORMATION DE SOCIÉTÉS

L'Intermédiaire qui a suivi nos conseils a trouvé dans la vente des fonds de commerce, à laquelle il a pu joindre encore celle des propriétés et la location d'immeubles vides ou meublés, de même que les gérances avec ou sans cautionnement, un champ d'affaires excessivement vaste qui ne peut que s'agrandir dans de fortes proportions quand sera terminée la guerre européenne de 1914-1915 pendant laquelle ce livre a été publié.

Mais il peut encore élargir le cercle de ses opérations et augmenter ses bénéfices par des commissions importantes, en s'occupant aussi des *formations de Sociétés* en nom collectif, recherche de commanditaires, bailleurs de fonds ou employés intéressés.

Une fois son bureau connu et bien classé il lui sera aussi facile de faire entrer dans l'Industrie ou le Commerce de gros des associés avec apport de 10.000 à 100.000 fr. et même davantage, que de faire changer de propriétaire les fonds de commerce pour lesquels nous lui avons donné les principales indications.

Pour cette raison je lui donne ci-après mes deux meilleures formules de Bons de Commissions pour ce genre d'opérations, ainsi que les actes les plus courants de Sociétés en nom collectif et commandite.

BON DE COMMISSION

par Industriels recherchant Commanditaire.

Nous soussignés, L. Mercier et J. Barnaud, fabricants de papiers à Annonay (Ardèche), donnons par le présent à M. Louis Verneuil, 27, rue Poissonnière, à Paris, et ceci à l'exclusion de tout autre intermédiaire, mandat de nous rechercher, en vue du développement de nos affaires, un commanditaire avec apport de la somme de deux cent mille francs, gagée sur nos usines, ateliers et magasins, que nous déclarons n'être grevés que d'une seule hypothèque au premier rang au Crédit Foncier de France, pour une somme de quarante mille francs sur les immeubles, et prenons envers M. Verneuil l'engagement, au cas où nous traiterions avec le capitaliste qu'il nous aura indiqué ou recommandé, de lui payer en espèces, le jour de la signature de l'acte de société et du versement des premiers fonds par le commanditaire, la somme de vingt-cinq mille francs en espèces fixée entre nous d'un commun accord et à forfait à titre de commission et honoraires et pour l'indemniser de ses frais et débours.

Le dit engagement pris sans restrictions ni réserves et valable jusqu'au trente juin prochain. Si avant cette époque nous traitions avec un autre bailleur de fonds qui ne nous aurait pas été indiqué par M. Verneuil, nous nous engageons à lui verser à titre d'indemnité, pour ses démarches, la somme de cinq mille francs en espèces le jour de la signature du contrat.

Annonay, le 20 octobre mil neuf cent quinze.

Signé : MERCIER & BARNAUD.

BON DE COMMISSION

pour Sociétés, Commandites, Emplois intéressés.

Je soussigné, M. Breghot de St-Sauveur, Industriel à Besançon, rue Faubourg-de-France, nº 127, m'engage envers M. Louis Verneuil, 26, rue Poissonnière, à Paris, à lui payer comptant en espèces, le jour de la signature de l'acte et sur le premier argent versé par le capitaliste, la somme de dix mille francs fixée d'un commun accord et entre nous à forfait, si par son intermédiaire ou sur ses indications je trouve et j'accepte un associé, commanditaire, employé intéressé, en un mot un bailleur de fonds, à quel titre que ce soit, avec apport d'une somme de quatre-vingt mille francs en argent, dans mon usine de constructions métalliques, sise à Besançon (Doubs), à l'adresse ci-dessus, que je déclare m'appartenir et n'être grevé d'aucun privilège ou nantissement, le dit engagement étant pris sans restrictions ni réserves de ma part et valable jusqu'au trente-et-un mars prochain.

Besançon, le quinze décembre mil neuf cent quinze.

Signé : L. BREGEOT DE ST-SAUVEUR.

SOCIÉTÉ EN NOM COLLECTIF

STATUTS

ACTE SOUS-SEING PRIVÉ

Entre les soussignés :

Monsieur Bernard Louis, négociant en grains à Vitry-le-François (Marne)

d'une part ;

et Monsieur Loste Jean-François, 57, rue de l'Evêché à Reims

d'autre part ;

ont été faites et arrêtées ainsi qu'il suit les conditions de la Société qui existera entre eux.

Article premier. — Messieurs Bernard et Loste s'associent en nom collectif pour faire le commerce des grains.

Art. 2. — Cette Société est constituée pour dix années consécutives, qui commenceront le premier janvier prochain.

Art. 3. — Le siège social est fixé à Vitry-le-François (Marne).

Art. 4. — La raison sociale sera : Bernard et Loste. Chacun des deux associés fera usage de la signature sociale, mais uniquement pour les besoins commerciaux à peine de nullité même à l'égard des tiers. En conséquence tous billets, lettres de change et généralement tous engagements contractés pour les opérations sociales, seront comme celles-ci inscrits aux registres de la Société, et énonceront la cause pour laquelle ils ont été souscrits.

Art. 5. — Les deux associés consacreront tout leur temps et tous leurs soins aux affaires de la Société sans pouvoir s'intéresser directement ou indirectement dans un autre établissement commercial.

Art. 6. — Les livres de commerce seront tenus indistinctement par chacun des deux associés, M. Bernard sera seul chargé de la comptabilité et de la caisse. Les achats et les ventes seront faits par les deux associés. M. Loste pourra vérifier la caisse et les livres quand bon lui semblera.

Art. 7. — Le fonds social est fixé à deux cent mille francs, composé :

1o Cent mille francs formant la mise de M. Bernard dont soixante quinze mille francs en marchandises de son commerce et vingt cinq mille en numéraire et créances actives d'un recouvrement certain, le tout déduction faite de toutes dettes et charges commerciales, suivant inventaire qui en sera dressé entre les parties.

2o Cent mille francs en numéraire, formant la mise de M. Loste.

Ces mises de fonds seront constatées et versées

le premier janvier prochain, jour fixé pour le commencement de la Société.

Art. 8. — Les bénéfices comme les pertes seront partagés par moitié entre les associés.

Art. 9. — Chacun des associés pourra verser dans la Société en compte courant au-delà de sa mise, telle somme qui lui conviendra, si la Société a besoin de ces fonds. Ces sommes lui produiront intérêt à six pour cent l'an, à compter du versement. Elles ne pourront être retirées par celui qui les aura versées que trois mois après avertissement donné à l'autre associé.

Art. 10. — Les charges de la Société comprendront le loyer, la patente, l'assurance, les frais de voyage, appointements d'employés et généralement toutes les dépenses occasionnées par le commerce.

Art. 11. — Les associés prélèveront chacun annuellement et par douzième, une somme de six mille francs pour subvenir à ses besoins personnels.

Art. 12. — Il sera procédé tous les ans dans la seconde quinzaine du mois de décembre, à un inventaire en double original qui constatera l'état de la Société à cette époque, et les bénéfices constatés seront laissés dans la Société jusqu'à son expiration.

Ils seront portés au crédit du compte de chacun d'eux et productif d'intérêts au taux de six pour cent l'an.

Sur les bénéfices, chaque associé prélèvera en outre de l'allocation personnelle prévue à l'art. 11, l'intérêt à 6 % :

1° de sa mise sociale;

2° des fonds versés par lui en compte courant;

3° de sa part de bénéfices capitalisés chaque année.

Art. 13. — La Société sera dissoute de plein droit par le décès de l'un des associés, avant l'expiration du terme fixé pour sa durée.

Dans ce cas la veuve ou les héritiers de l'associé décédé ne pourront faire apposer de scellés, ni procéder à un inventaire judiciaire. Le seul inventaire qui pourra être demandé sera fait en la forme commerciale entre l'associé survivant et les représentants du prédécédé, et il sera procédé à la liquidation par le survivant, suivant les prescriptions de l'art. 14, ci-après.

L'associé survivant aura la faculté de conserver le fonds de commerce pour son compte personnel. Dans ce cas la valeur du fonds et de l'achalandage sera fixé par deux experts choisis par les parties, et en cas de désaccord par le Président du tribunal de commerce du ressort.

Ce qui sera dû aux héritiers du co-associé décédé devra leur être payé, au siège social, en trois portions égales, de six mois en six mois, la première, six mois après le décès avec l'intérêt à six pour cent, à compter du décès.

A défaut par le survivant de déclarer dans les deux mois son intention de conserver le commerce, il sera déchu de la faculté qui lui est réservée.

Art. 14. — La dissolution de la Société pourra être demandée par chacun des associés en cas de perte de la moitié du fonds social et il serait alors procédé à la liquidation comme il est dit à l'article ci-après.

Même en l'absence de pertes, chacun des associés aura encore le droit de demander la dissolution de la Société avant le temps fixé pour sa durée en prévenant l'autre associé six mois d'avance et à charge de lui payer une indemnité de quinze mille francs et de lui laisser le droit exclusif de conserver l'établissement.

Art. 15. — Six mois avant l'expiration de la présente Société, les associés se feront respectivement connaître leur intention de la continuer ou de la liquider.

Dans le 1er cas, ils prendront pour assurer la continuation les arrangements nécessaires, dans le second cas, la liquidation commencera dès le jour où finiront les années pour lesquelles elle a été contractée; six mois avant cette époque, il ne sera fait aucune opération dont le résultat serait de nature à retarder les époques des rentrées et le recouvrement des capitaux.

Art. 16. — La liquidation devra être faite dans

le délai d'une année et à l'expiration de ce terme, s'il reste encore des objets à recouvrer, il en sera fait deux lots qui seront tirés au sort.

Sur l'actif chacun prélèvera sa mise sociale et le surplus sera partagé entre eux par moitié.

SOCIÉTÉ EN COMMANDITE

STATUTS

ACTE SOUS-SEING PRIVÉ

Les soussignés :

M. Arsène Pierlot, banquier, demeurant 14, rue Nationale, Nantes (Loire Inférieure),

Et M. Stéphane Thévenin, propriétaire, Ancenis (Loire Inférieure),

exposent :

Que M. Pierlot exploite une maison de banque et de commission à Nantes, 14, rue Nationale,

Que l'accroissement successif de ses affaires et de ses relations lui a fait sentir la nécessité d'augmenter le chiffre du capital sur lequel ses opérations ont été basées jusqu'à ce jour,

Et que pour atteindre ce résultat, ils ont arrêté

entre eux la Société dont les conditions sont ci-après établies.

Article premier. — Il est formé une Société en Commandite entre M. Pierlot qui en sera le gérant, et M. Thévenin qui sera simple commanditaire pour l'exploitation de la maison de banque et de commission dont M. Pierlot est le propriétaire, et dont le siège est à Nantes, 14, rue Nationale.

Art. 2. — La durée de la Société est fixée à dix années consécutives à partir du premier janvier mil neuf cent seize.

Art. 3. — La raison et la signature sociales sont :

Pierlot et Cie

le siège de la Société est 14, rue Nationale à Nantes, dans la maison occupée par M. Pierlot.

Art. 4. — Le capital social est d'un million de francs. M. Pierlot apporte à la Société sa maison de banque et de commission pour six cent mille francs, formant l'actif net de l'inventaire qu'il a fait dresser en vue de la présente Société de toutes les valeurs qui la composent; cet inventaire en double original, rédigé sur feuille de papier au timbre de 1,80, a été certifié valable et signé par les parties à la date de ce jour.

La liquidation de cet actif sera opéré par la présente Société mais aux risques et périls de M. Pierlot qui devra en cas de déficit compléter la somme de six cent mille francs formant le montant de son apport comme il profiterait de l'excédent s'il y en avait.

De son côté, M. Thévenin fournit comme associé commanditaire une somme de quatre cent mille francs qui sera versée le premier janvier mil neuf cent seize, jour fixé pour le commencement de la Société.

Art. 5. — Les mises des sociétaires produiront au profit de chacun d'eux des intérêts à 6 % par an, payables de trois mois en trois mois.

Art. 6. — Chaque associé peut, avec le consentement de l'autre, verser dans la Société des fonds en compte courant qui lui produiront des intérêts à six pour cent par an et ne pourront être retirés que six mois après un avertissement donné à son co-associé.

Art. 7. — M. Pierlot a seul la gestion et la signature de la Société, il ne peut, bien entendu, faire usage de cette signature que pour les besoins de la Société.

Il doit consacrer tout son temps et tous ses soins aux affaires sociales.

Il a droit à un traitement mensuel de cinq cents francs, indépendamment de sa part proportionnelle dans les bénéfices de la Société. Ce traitement sera porté au compte des frais généraux et en aucun cas ne sera sujet à répétition.

Art. 8. — Les opérations de la Société sont constatées par des registres tenus dans les formes légales et suivant les usages du commerce. M. Thévenin peut prendre connaissance de ces registres, du portefeuille et de la caisse toutes les fois que bon lui semblera, mais sans déplacement.

Art. 9. — Il est fait tous les ans, dans le courant de janvier, un inventaire de l'actif et du passif de la Société. Cet inventaire qui est transcrit sur un registre particulier tenu à cet effet est signé par les deux associés qui peuvent en retirer chacun un exemplaire également signé par chacun d'eux.

Les bénéfices résultant de l'inventaire appartiennent aux deux associés, savoir : à M. Pierlot pour deux tiers, à M. Thévenin pour un tiers. Les pertes s'il y en avait seraient supportées dans les mêmes proportions, sans que M. Thévenin puisse être engagé dans aucun cas au delà de sa mise sociale.

Art. 10. — La dissolution de la Société peut-être demandée par l'un ou l'autre des associés, dans le cas où la Société serait en perte de plus de la moitié de son capital.

Art. 11. — Le décès de M. Thévenin dans le cas où il arriverait pendant le cours de la Société, n'apporterait aucun changement à la Société qui continuerait avec ses héritiers ou représentants comme avec lui-même.

En cas de décès de M. Pierlot, la Société serait dissoute, et il serait procédé à la liquidation dans les formes ordinaires.

Art. 12. — A l'expiration du terme fixé pour la Société, M. Pierlot conservera la maison de banque s'il le juge convenable, sans avoir rien à payer pour l'achalandage qu'il apporte gratuitement à la Société. La liquidation sera faite par M. Pierlot, sous le contrôle de M. Thévenin qui pourra exiger des comptes trimestriels.

Les sommes dont M. Pierlot sera reconnu débiteur envers son co-associé, par suite de la faculté qui lui est accordée, seront payables dans le délai de deux ans, avec intérêt de six pour cent l'an, à partir du jour de la dissolution, jusqu'au remboursement. Lors de la dissolution chaque associé prélèvera avant partage le montant de sa mise sociale, le surplus sera partagé dans la proportion prévue à l'art. 9.

Art. 13. — Dans aucun cas et pour quelle cause que ce soit, il ne pourra être requis d'apposition de scellés, ni d'inventaire judiciaire, soit à la requête des associés, soit à celle de leurs héritiers ou représentants.

Pour pouvoir publier les présentes, conformément à la loi, tous pouvoirs sont donnés au porteur d'un double des présentes.

Fait et signé en autant d'originaux que de parties, deux pour être déposés aux greffes de la Justice de Paix du 1er canton et du Tribunal de Commerce de Nantes.

Nantes, le douze novembre mil neuf cent quinze,

Signé : PIERLOT THEVENIN.

PUBLICITÉ DES SOCIÉTÉS COMMERCIALES

Renseignements Importants

A peine de nullité à l'égard des intéressés, les sociétés commerciales sont soumises aux deux formalités suivantes :

a) Dépôt de l'acte constitutif ;

b) Publication d'un extrait de cette acte.

a) Dépôt

Dans le mois de la constitution de toute société commerciale un double de l'acte constitutif sera déposé :

1° Au Greffe de la Justice de Paix du Canton.

2° Au Greffe du Tribunal de Commerce du ressort.

b) Publication

Dans le même délai d'un mois un extrait de l'acte constitutif et des pièces qui y sont annexées est publié dans un des journaux désignés pour recevoir les annonces légales.

Il est justifié de cette insertion par un exemplaire

du journal certifié conforme par l'imprimeur dont la signature est légalisée par le Maire et enregistré dans les trois mois de sa date.

L'extrait doit contenir :

1° Les noms des associés autres que les commanditaires.

2° La raison sociale avec la dénomination adoptée par la Société avec indication de son siège (lieu et adresse).

3° Les noms des associés ayant la signature sociale.

4° Le montant du capital fourni par les associés ou les commanditaires.

5° L'époque où la Société commence et sa durée.

6° La date du dépôt aux deux greffes.

L'extrait doit faire connaître la forme dans laquelle la Société est constituée, en nom collectif, commandite, etc.

CONCLUSION

Avec les quelques pages que j'ai consacrées aux Sociétés de la forme la plus courante dans le Commerce et l'Industrie (Sociétés en nom collectif et en commandite simple) se termine ce petit *Guide de l'Intermédiaire* dans lequel je me suis efforcé de mettre à la portée de tous mes concitoyens les connaissances que j'ai acquises dans ma profession et les faire profiter de mon expérience.

Je me suis efforcé de leur inspirer le goût des affaires en leur faisant connaître l'intérêt que peut offrir à celui qui s'en occupe la plus humble comme la plus importante négociation.

Vous avez tous compris qu'une simple lettre dans laquelle vous aurez eu la précaution de vous faire stipuler une commission, n'est pas une simple promesse que l'honneur seul oblige à tenir, mais un engagement que la Justice peut faire respecter par le vendeur ou le propriétaire qui serait de mauvaise foi.

Aussi toute personne est-elle persuadée maintenant, après avoir lu mon livre, qu'elle peut s'intéresser avec profit de la façon la plus régulière et la plus honnête aux affaires qui peuvent se traiter dans son entourage.

MM. les agriculteurs et autres, habitant la campagne, n'auront plus aucun embarras à faire vendre une maison, un champ, etc., et à demander au notaire, puisque ce sont ces officiers ministériels qui ont presque le monopole de tous les actes qui concernent la propriété foncière, de leur payer au règlement de la vente la commission qui leur a été promise par le vendeur, de même par ceux à qui ils auront fait vendre et livrer une charrue, une voiture, un cheval, une moissonneuse ou tout autre machine agricole, par les propriétaires auxquels ils auront procuré un fermier, etc., etc.

MM. les employés de commerce, voyageurs, représentants, courtiers en toutes sortes de marchandises sont maintenant convaincus qu'en dehors de leur travail habituel ils peuvent s'intéresser avec le plus grand profit à la vente des fonds qu'ils connaissent mieux que personne puisqu'ils en sont les fournisseurs.

Mes conseils ont même été utiles aux personnes appartenant aux carrières libérales, ecclésiastiques, professeurs, etc., qui après m'avoir lu ont pu acheter ou vendre dans leurs relations, en plus de tout ce que j'ai déjà cité dans ces pages, objets d'art, armes, tableaux, meubles, livres, etc.

Tout le monde peut faire louer des appartements,

contracter une police d'assurances et trouver dans le service rendu une légitime rémunération.

J'ai ainsi accompli la première partie de ma tâche en montrant à chacun de mes lecteurs, par les exemples choisis, que sans sortir de son milieu, sans rien changer à ses habitudes, rien n'est plus facile que d'augmenter et quelquefois très fortement, ses appointements, son salaire, ses revenus.

A ceux qui, après avoir lu ces quelques pages, se consacreront entièrement à la profession d'*Intermédiaire*, j'ai tenu, dans la deuxième partie de mon livre, à donner un formulaire des principaux actes qu'ils seront appelés à faire eux-mêmes dans leur cabinet, ainsi que les textes de la loi régissant ces opérations : promesses de ventes, avec ou sans nantissement, bordereaux, reçus, publications dans les journaux, formations de sociétés diverses, extrait légal, dépôts aux greffes, etc., etc.

J'ai longuement étudié et remanié mes rédactions pour les rendre aussi brèves que possible tout en restant très complètes, mais toujours claires et bien conformes aux lois.

Enfin, j'espère leur avoir, par les explications et exemples fournis, donné le goût de la Publicité qu'il ne faut pas hésiter à faire, même sur une grande échelle, quand le succès que nous leur souhaitons de grand cœur les aura favorisés. Après le travail personnel de l'Intermédiaire qui est bien entendu le premier gage de la réussite, la publicité est le levier le plus puissant, le moyen infaillible d'amener affaires et clientèle à un cabinet.

Je crois, dans ces quelques pages, n'avoir rien oublié d'essentiel à l'exercice de la profession et que mon lecteur trouvera plus facilement et plus rapidement les renseignements pratiques qu'il recherche, dans mon petit livre, qu'en feuilletant des ouvrages plus volumineux.

*L'auteur se fera du reste un plaisir de répondre à toutes demandes de renseignements qui lui seront adressées par les acheteurs de l'***Intermédiaire-Conseil** *qui joindront à leur lettre un timbre-poste pour la réponse.*

Je crois aussi que les conseils que je donne aujourd'hui arrivent à un moment opportun.

L'effroyable guerre qui s'est abattue sur notre pays et ensanglante toute l'Europe a arrêté les affaires et immobilisé toutes les transactions commerciales, etc.

A la cessation des hostilités (la guerre ne peut pas toujours durer) tout le monde s'accorde à dire que la reprise des affaires sera générale.

En France, particulièrement, il y aura un très gros effort à faire non seulement pour rétablir ce qui a été détruit, mais pour donner une impulsion plus vigoureuse à toutes les branches de notre activité nationale.

Pour lutter contre la concurrence allemande, il

faudra, sur ce nouveau champ de bataille, plus que par le passé, des industriels, des fabricants, des agriculteurs, des entrepreneurs de transports, des commerçants, des voyageurs, des employés, mais il faudra aussi de bons courtiers, de bons *Intermédiaires* qui sont — qu'on nous pardonne cette expression, que la guerre a créée et qui rend bien notre pensée — les *Agents de liaison* de toutes les opérations que nos concitoyens vont avoir à traiter entre eux sur le terrain pacifique de l'Industrie et du Commerce.

Vous pouvez, mon cher lecteur, en suivant mon exemple et les conseils pratiques qu'une expérience déjà longue des négociations commerciales et industrielles m'a permis de vous donner, non seulement faire honorablement votre fortune personnelle, mais encore concourir dans le milieu où vous vivez, et dans la mesure de vos moyens, à l'avenir et à la prospérité de notre cher pays !

AIMÉ MICHON.

TABLE ALPHABÉTIQUE

TABLE ALPHABÉTIQUE

www.ingramcontent.com/pod-product-compliance
Ingram Content Group UK Ltd.
Pitfield, Milton Keynes, MK11 3LW, UK
UKHW021544260726
13993UKWH00002B/613